PRACTICA

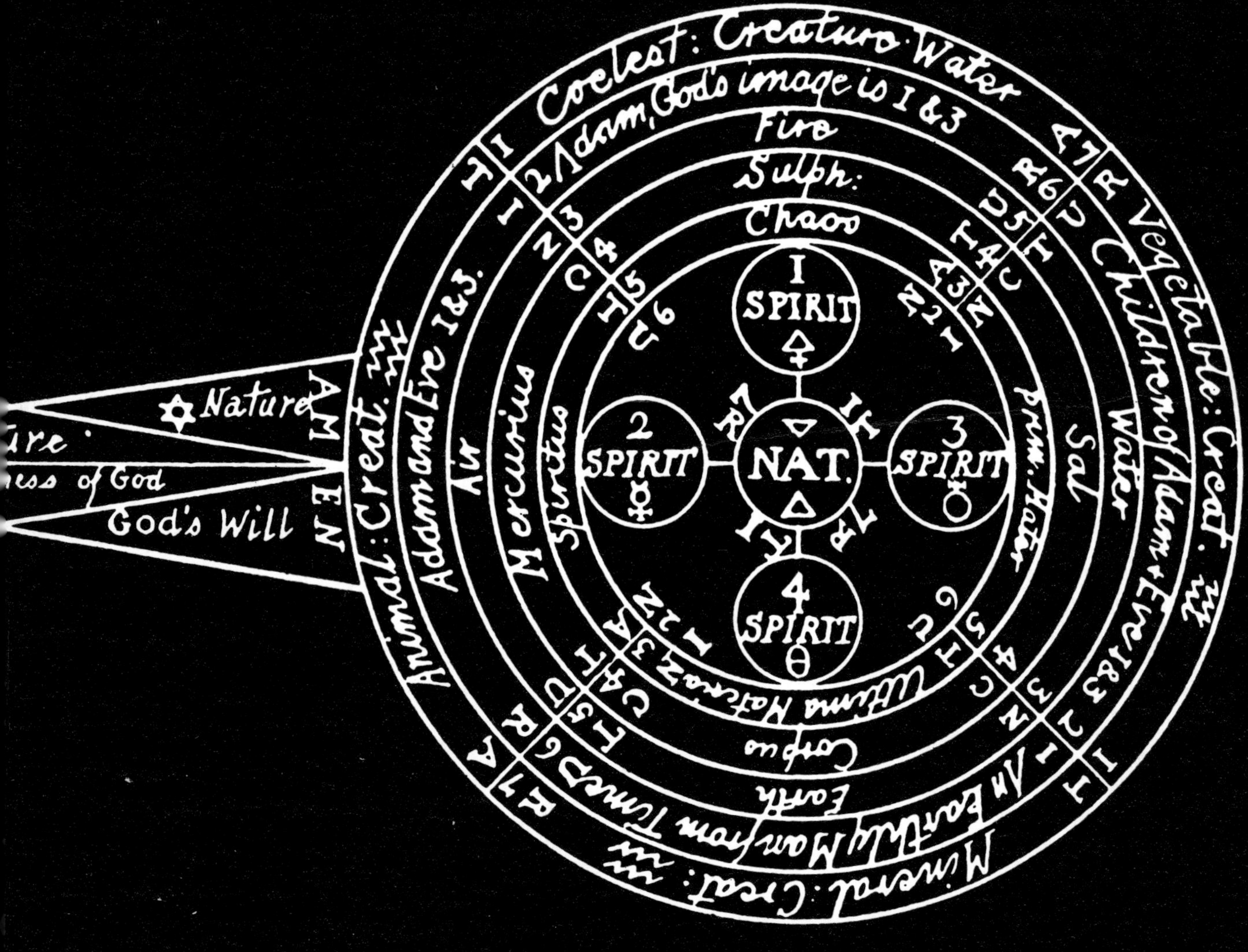
Coelest: Creatura Water
Adam, God's image is 1 & 3
Fire
Sulph:
Chaos
Vegetable: Creat.
Children of Adam + Eve 1 & 3
Water
Sal
prim. Mater
SPIRIT
NAT.
Mercurius
Spiritus
Air
Adam and Eve 1 & 3
Animal: Creat.
Mineral: Creat.
Earth
Corpus
Ultima Materia
Nature
God's Will
of God
AMEN

48,–

José und Miriam Argüelles

DAS GROSSE MANDALA-BUCH

José und Miriam Argüelles

DAS GROSSE MANDALA-BUCH

Mandala in Aktion

Mit einem Vorwort von
Lama Tschögyam Trungpa

AURUM VERLAG · FREIBURG IM BREISGAU

Der Titel der bei Shambhala Publications, Inc., Berkeley,
erschienenen amerikanischen Originalausgabe lautet:
„MANDALA".
Die deutsche Übersetzung besorgte Sylvia Luetjohann.

1. Aufl. 1974
2. Aufl. 1978
ISBN 3 591 00001 9

Die Gestaltung und Kalligraphie der deutschen Ausgabe besorgte
Wolfgang Jünemann, Iris Verlag, Obernhain/Ts.,
gesetzt wurde das Werk von Dhyana-Typographie, Frankfurt/Main,
gedruckt und gebunden wurde es von Karl Schillinger, Freiburg.
Printed in Germany

Das in Gott ruhende
Herz blüht auf
wundersame Weise

Vorwort

Die Suche nach Wissen und Weisheit mit Hilfe von Begriffen ist Teil des verzweifelten Kampfes der Menschheit. Es ist dennoch notwendig für den Lernenden, Ideen als Sprungbrett zu verwenden.

Im weiteren Sinne ist das Mandala allumfassender Raum, der die an sich existierende kosmische Struktur dazu befähigt, verschiedene Energieformen auszustrahlen: Beruhigung, Magnetisierung, Ausdehnung, Zerstörung.

In dem vorliegenden Buch sind die Autoren in viele verschiedene Kulturen gründlich eingedrungen und untersuchen, besonders anhand des Mandala-Prinzips, die Ausdrucksformen der Buddha-Natur in den verschiedenen Überlieferungen. Als solches ist ihre Arbeit selbst eine Veranschaulichung des Mandala in Bewegung - Mandala in Aktion.

Die Pfade, denen der Geist in diesem Buche nachgehen wird, können ebenso Verwirrung wie Bestätigung bringen; aber diese Erfahrung kann auch als Ausdruck des Mandala in Bewegung betrachtet werden, weil sowohl positive wie negative Erlebnisse zur inhaltlichen Bestimmung des Mandala gehören. Einziger Ausgangspunkt ist das Erwecken der allem zugrundeliegenden Intelligenz.

Ich hoffe, daß dieses Buch neue Einsichten vermitteln kann, um die Welt des psychologischen wie des spirituellen Materialismus zu überwinden.

Tschögyam Trungpa, Rinpoche
Karma Dzong
Boulder, Colorado

am 25. Februar 1972

Einleitung

Im Frühling des Jahres 1967 fingen wir damit an, gemeinsam Mandalas zu malen. Beim Fortgang der Arbeit wuchs das Interesse sowohl für die fertigen Ergebnisse als auch für den Entstehungsvorgang. Aufgrund eigener Überlegungen und als Antwort auf ein wachsendes Bedürfnis begannen wir, Seminare und Workshops mit der Zielsetzung anzubieten, andere Menschen an ein Verständnis und die praktische Fähigkeit heranzuführen, das Mandala auf ihr eigenes Leben anzuwenden.. Aus diesen verschiedenen Bemühungen ergab sich wie von selbst dieses Buch, an dem wir seit etwa zwei Jahren arbeiteten. Es zu schreiben und zu gestalten ist ein weiteres, langsam und geduldig entwickeltes Mandala gewesen. Oftmals wurden wir mit für sich selbst sprechenden Bildwerken konfrontiert, die nach sprachlicher Gestaltung verlangten - und diese gab es zunächst nicht. Durch stille Betrachtung und Liebe fanden sich die Worte, nahmen die Vorstellungen Gestalt an. Zeitweilig ließen uns unsere Forschungen abschweifen, wir fanden jedoch immer wieder zurück. Wir hoffen, daß diese Bemühungen eine angemessene Einführung für ein Thema schaffen werden, das im wesentlichen unerschöpflich sein wird.

José und Miriam Argüelles

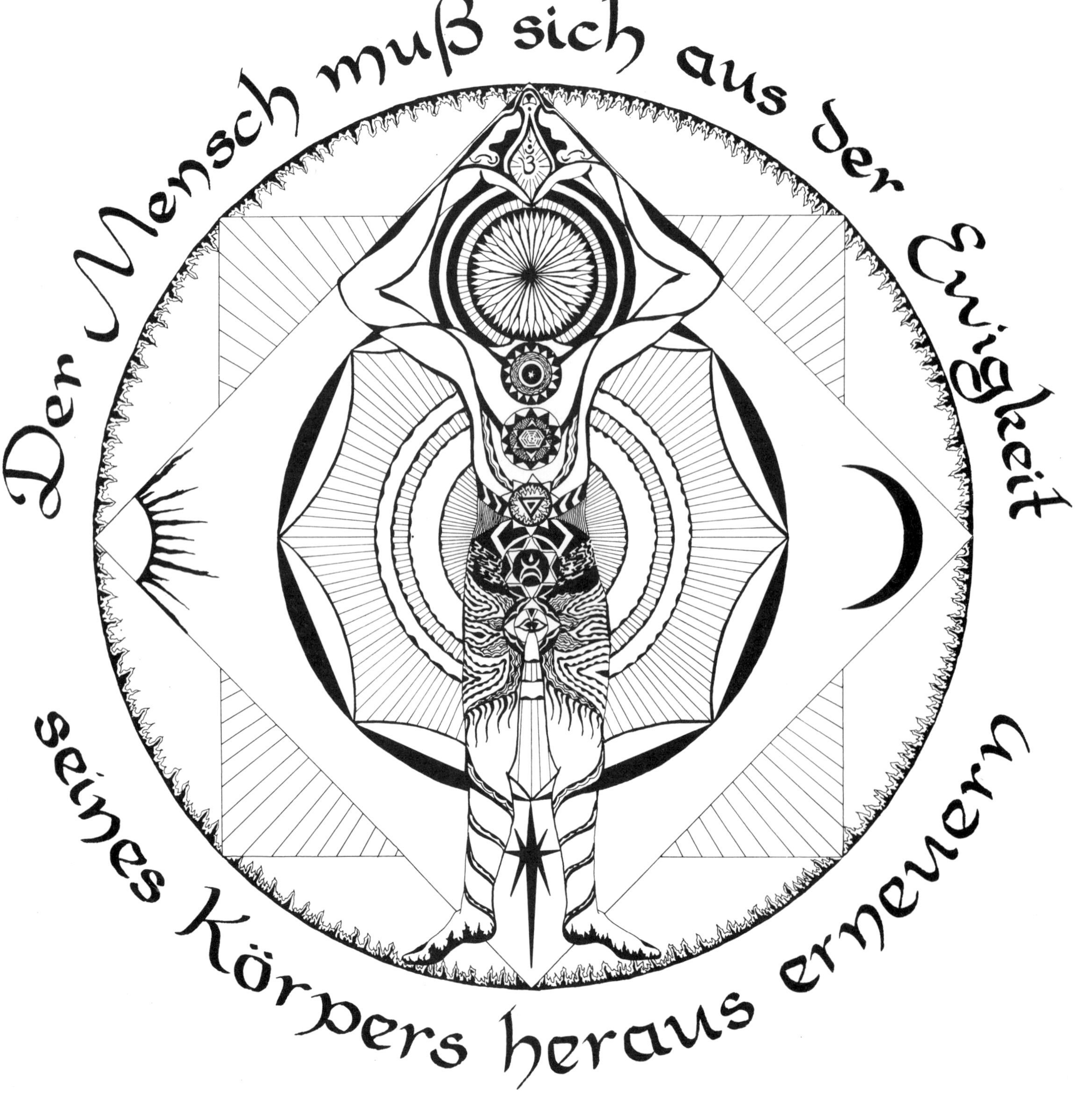
Der Mensch muß sich aus der Ewigkeit
seines Körpers heraus erneuern

I

Die Universalität des Mandala

Das Pflanzenreich öffnet sich wie eine Blume
aus dem Erdmittelpunkt heraus,
worin die Ewigkeit begründet liegt...

William Blake

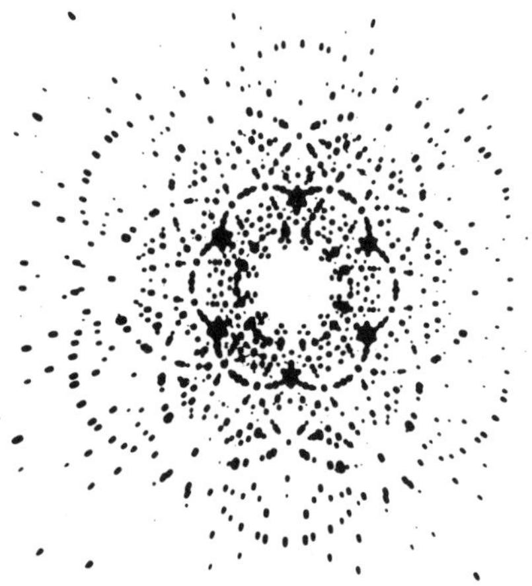

Röntgenstrahlen-Zerlegung von Beryll

Die Erde ist ein lebendiges Mandala - ein organischer Mutterboden, von dem eine Folge von Anstößen, Grundmustern und Wellenbewegungen ausgeht, von denen jede eine andere durch ihre Vielfalt an organischen Strukturen und Anregungen übertrifft und mit der höchsten Fähigkeit zu reflektierendem Bewußtsein ausgezeichnet ist. Obwohl mit einem ziemlich genau begrenzten organischen Gefüge gearbeitet wird, unterliegt ihre Bewegung aufgrund der inneren wie äußeren Wechselbeziehungen zu ihrem Grundmuster den unendlichen Prozessen von Wachstum und Umwandlung.

Ein Mandala besteht aus einer Reihe konzentrischer Formen, die auf einen Übergang zwischen verschiedenen Dimensionen hindeuten. Seinem innersten Wesen nach gehören seine größten ebenso wie seine kleinsten organischen Vorgänge nicht nur der Erde, sondern ebenso Makro- wie Mikrokosmos an. Es liegt als Torpfosten zwischen beiden.

Der Weise sieht in die Welt und sieht das Kleine
nicht als zu klein und das Große nicht als zu groß;
denn er weiß, daß es keine Begrenzung der Ausdehnung gibt.

Lao Tse

Milchstraßen-Wirbel in den Canes Venatici

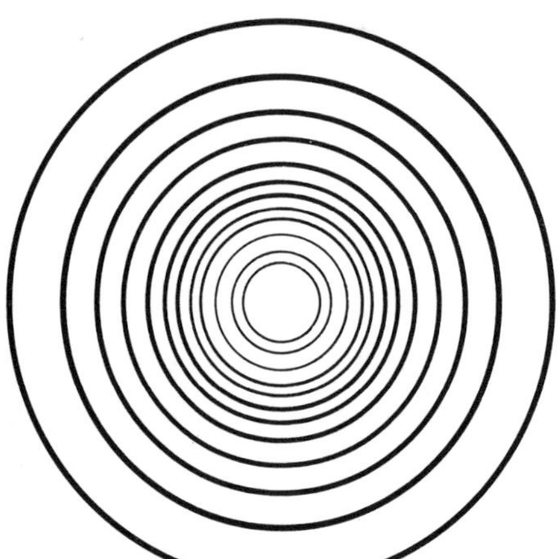

Das Mandala ist Erde und Mensch, gleichsam das Atomteilchen, aus dem sich der stoffliche Kern des Menschen genauso zusammensetzt wie die Milchstraße, von der die Erde wiederum nur ein Atomteilchen ist. Mittels Begriff und Struktur des Mandala kann der Mensch in das Universum hineinprojiziert werden wie das Universum in ihn. Solche wechselseitige Durchdringung ergibt die Synthese der verschiedenen gegensätzlichen Tendenzen, die auf dem Planeten in Erscheinung treten.

Die Universalität des Mandala liegt begründet in seiner einen Konstanten, *dem Prinzip des Mittelpunkts.* Die Mitte ist der Anfangspunkt des Mandala ebenso wie Anfang und Ursprung aller Form und aller Entwicklung, worin die Ausdehnung von Raum in Zeit enthalten ist. *Am Anfang war die Mitte:* der Mittelpunkt des Bewußtseins Gottes, des ewigen Schöpfers, der Traum Brahmas, die Milchstraßen, die hinter unseren großen Fernrohren wirbeln. Überall ist das Zentrum eines, und darin liegt der ewige Urgrund.

Der Mittelpunkt steht symbolisch für die unerschöpfliche Kraft. Aus der gleichen unversiegbaren Quelle wachsen und entwickeln sich alle Samen, erkennen alle Zellen ihre Funktion; nicht einmal beim untersten Atom gibt es eines ohne Zellkern: sein Sonnenblumenkern, um den sich seine einzelnen Bestandteile drehen. Wie im Atomteilchen verhält es sich auch mit den Gestirnen - die moderne Wissenschaft bestätigt nur den alten hermetischen Ausspruch "Wie oben, so unten".

Es gibt ein organisches Gesetz, ein kosmisches Prinzip, mit dessen Hilfe wahrnehmbare Formen geschaffen werden und das die Umwandlungsprozesse in allen Dingen lenkt. Dies kann nur deshalb erkannt werden, weil sich das Mittelpunktsprinzip im Menschen genauso ausdrückt wie in einer Blume oder einem Stern; wir können darin unsere kosmische Gemeinschaft, unsere Einheit mit dem Kosmos feststellen.

Der Mittelpunkt des Mandala ist die äußerlich wahrnehmbare Konstante von Raum wie von Zeit. Der Mittelpunkt der Zeit liegt im *Jetzt.* Es ist die oberste Spitze der Erkenntnis, unbestimmbar, denn jede Begriffsbestimmung von Zeit erschöpft sich darin, was *jetzt* ist; und doch gibt es nur dieses *Jetzt,* und nichts anderes wird jemals existieren. Obwohl wir durchaus von Vergangenheit und Zukunft sprechen können, den *symmetrischen* Entsprechungen zur *Gegenwart,* existieren diese doch nur vermöge des Unbestimmbaren und Ewigen. Dieses ewige *Jetzt* und die Verwirklichung des eigenen Mittelpunkts laufen gleichzeitig ab. Wer völlig im *Jetzt* lebt, dessen Existenz entfaltet sich wie ein Mandala. Jeder Mensch ist zutiefst Mittelpunkt seines eigenen Umkreises und seiner eigenen *Kardinalpunkte* – Nord, Süd, Ost und West.

Eiskristall

Wir werden nicht nur von unserem Standpunkt auf der physischen Ebene her bestimmt, sondern auch durch unseren Bewußtseinsstand; beide erst machen ein zusammenhängendes Ganzes aus. Das *Jetzt* steht im Brennpunkt eines Kontinuums, das allein durch Vergeßlichkeit unterbrochen wird. Der Mittelpunkt existiert unaufhörlich, zunächst als Same, dann als Stengel, Stamm oder Rückgrat und schließlich in der Blüte, wo dann ein neuer Same entsteht. Im Menschen manifestiert sich das Bewußtsein - Antrieb und Ursprung seiner zukünftigen Entwicklung - in ebenso vielen Zeitmomenten des *Jetzt* wie in Mandalas, in Zentren,um die herum die wesentlichen Bestandteile des Bewußtseinsgrades angeordnet sind. Wie kleine Wellen in einem See dehnt sich jeder Bewußtseinsmoment von seinem eigenen Mittelpunkt her aus; in seinem Grundmuster zeigt er dabei die Gestaltung aller grob- und feinstofflichen Erscheinungen im Universum. Von daher ist der Vorgang des Zentrierens - die geistige Sammlung, ausgelöst durch einen inneren "Steinwurf" in den See des Bewußtseins - ebenfalls ein Mandala. Das Mandala, das dem menschlichen Bewußtsein umfassend zugrundeliegt, ist kontinuierlich in seinen Baugefügen, Ritualen und Kunstformen in Erscheinung getreten. Von seinen zahlreichen Ausdrucksformen her können wir drei grundlegende Eigenschaften ableiten:

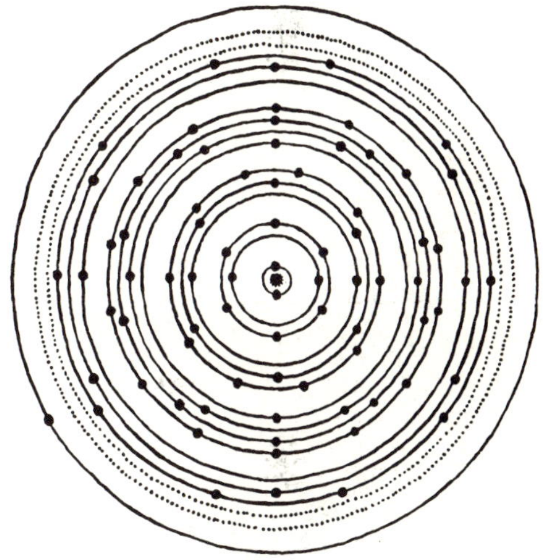

flache Darstellung von Gold (Element 79)

ein Mittelpunkt
Symmetrie
Kardinalpunkte

Der erste Grundbestandteil ist unveränderlich; die beiden anderen können dem Wesen des besonderen Mandala gemäß variieren. Symmetrie kann ebenso zweiseitig wie dynamisch, starr und genau festgelegt oder auch vollkommen fließend sein. Die Kardinalpunkte können zahlenmäßig genau bestimmt sein, wobei die Zahl von der Gegebenheit des Mandala abhängt; oder es sind unzählige, die wie beim Kreis nicht in Erscheinung treten.

Im Sanskrit bedeutet Mandala wörtlich Kreis oder Zentrum. Die traditionelle Anordnung benutzt häufig den Kreis (Symbol für den Kosmos in seiner Gesamtheit) und das Viereck (Symbol für die Erde oder die vom Menschen geschaffene Welt). Im *I Ging,* einem der ältesten Texte, entspricht diese Symbolik dem *Yang* (dem männlichen, schöpferischen, himmlischen Prinzip) und dem *Yin* (dem weiblichen, empfangenden, irdischen Prinzip).

In Tibet hat das Mandala seine höchste und subtilste Entwicklungsstufe erreicht; in Kunstform und Meditationsritual soll die kosmische Integration zum Ausdruck gebracht werden. Der Mittelpunkt als Sitz der Gottheit liegt innerhalb des Vierecks - dem Palast des inneren Seins - und wird von einem oder mehreren Kreisen umgeben, von denen jeder eine besondere Initiationsphase oder Bewußtseinszustand symbolisiert.

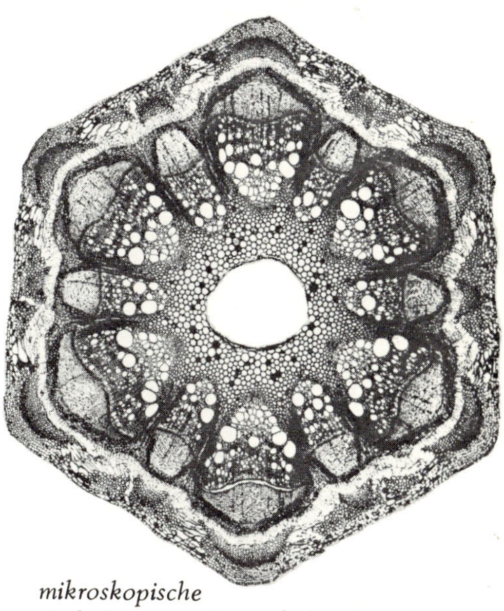

mikroskopische
Aufnahme vom Querschnitt eines Zweiges

Für den westlichen Menschen kann die allgemeinverständliche Wiedereinführung des Begriffs Mandala im besonderen auf die Arbeit C.G. Jungs

Kalachakra-Mandala

zurückgeführt werden, der das Mandala als grundlegendes Sinnbild in der alchimistischen Tradition des Westens und als organische Kunstform in der Therapie wiederentdeckte, wo es von Patienten bei ihrer Suche nach Ich-Werdung geschaffen wurde. In *Das Geheimnis der Goldenen Blüte* führen Jung und der Sinologe Richard Wilhelm die Idee des Mandala als therapeutisches Mittel auf das Mandala als rituelle Versenkungstechnik zurück, das der mystischen Ekstase dienen soll. In beiden Fällen ist das Ziel ein höherer Grad an Einswerdung, obwohl das Mandala in der östlichen Tradition im wesentlichen ein Mittel zur Bewußtseinslenkung ist, so daß es seine gewöhnlichen Fesseln sprengen kann. In der ihm eigenen Weise erreicht das Mandala als therapeutisches Werkzeug das gleiche Ziel, denn indem der Patient seine eigenen geistigen Komplexe in das kosmische Netz des Mandala hineinprojiziert, reinigt er sein Bewußtsein und befreit sich selbst von seinen verschiedenen geistigen Wahnvorstellungen. Gerade deshalb muß das Mandala mit großer Sorgfalt und Konzentration ausgearbeitet werden. Es spiegelt mehrere Bewußtseinsebenen innerhalb des Individuums ebenso wider wie die vereinende und heilende Kraftquelle. Ein Mandala zu schaffen, bedeutet Universalität und Einswerdung mit sich selbst.

Der Vorgang der Sandmalerei bei den Navajos bietet zahlreiche Parallelen zu dem tibetischen Mandala-Ritual und zum *Yantra* an: sie alle eignen sich von Natur aus zur vollkommenen Meditation, die den Geist so ausrichtet, daß er nirgendwohin entwischen kann. Die formale Ähnlichkeit zwischen tibetischen und südwestindianischen Mandalas enthüllt das Heilen, die Behandlung psychosomatischer Symptome, als wesentlichen Aspekt in der Meditation. Die Grundstruktur des Sandbildes veranschaulicht die allgemeinen Merkmale des Mandala: sein Mittelpunkt ist der Mittelpunkt im Kosmos - derjenige Platz, an dem die zu heilende Person sitzen sollte. Symmetrisch um den Mittelpunkt herum angeordnet liegen die Kardinalpunkte, die oftmals die Himmelsrichtungen, Elemente und Jahreszeiten symbolisieren. In dieser einfachen Gestaltung eines Sandbildes verdichtet sich die gegenseitige Abhängigkeit aller Erscheinungen untereinander und ihre wesensgemäße Einheit in der Zeit aufgrund ihrer Verbindung zu dem einen ewigen Mittelpunkt.

Die heilsame, meditative und zur Einheit führende Absicht beim Mandala hat ihren Ursprung im Versuch des Menschen, sich selbst zu finden. Der Mensch steht im Mittelpunkt seines eigenen Raum- und Zeitgefüges, wodurch er eine kosmische Bedeutung erhält. Was sich auch immer vor oder hinter, rechts oder links von ihm befindet, wird zu den vier Kardinalrichtungen; was sich auch immer über oder unter ihm befindet, wird zu Himmel oder Erde; was gestern war und morgen sein wird, wird zu Vergangenheit und Zukunft - und Mittelpunkt ist immer das Individuum, der Bewußtseinsträger des ewigen *Jetzt*.

Wenn der Mensch einmal den Anstoß zur Ganzheit verspürt hat, wird er dies auf alles, was er tut, anwenden. Er motiviert seine Gedanken, durchdringt seine Handlungen und ist in allem spürbar, was von ihm geschaffen wird. In seinen Wohnstätten, wie in den meisten der "primitiven", vorindustriellen Welt, gibt es einen Platz, Altar, Feuer, Stein, der nicht nur für das Haus, sondern in Bezug zum gesamten Kosmos den Mittelpunkt bildet. Es liegt hier kein innerer Widerspruch verborgen, denn wir haben es mit einem von Grunde auf *heiligen* Prinzip zu tun oder einem heiligen Bewußtseinszustand, worin sich alle Wesen und alle Dinge gleichermaßen als Offenbarungen eines göttlichen Ganzen erkennen. Heiliges Bewußtsein, zu dem das Mandala als organisches Bauelement gehört, findet seine Entsprechung in dem hermetischen Ausspruch: "Gott ist ein mit Vernunft begabter himmlischer Körper, dessen Mittelpunkt überall und dessen Peripherie nirgends ist."

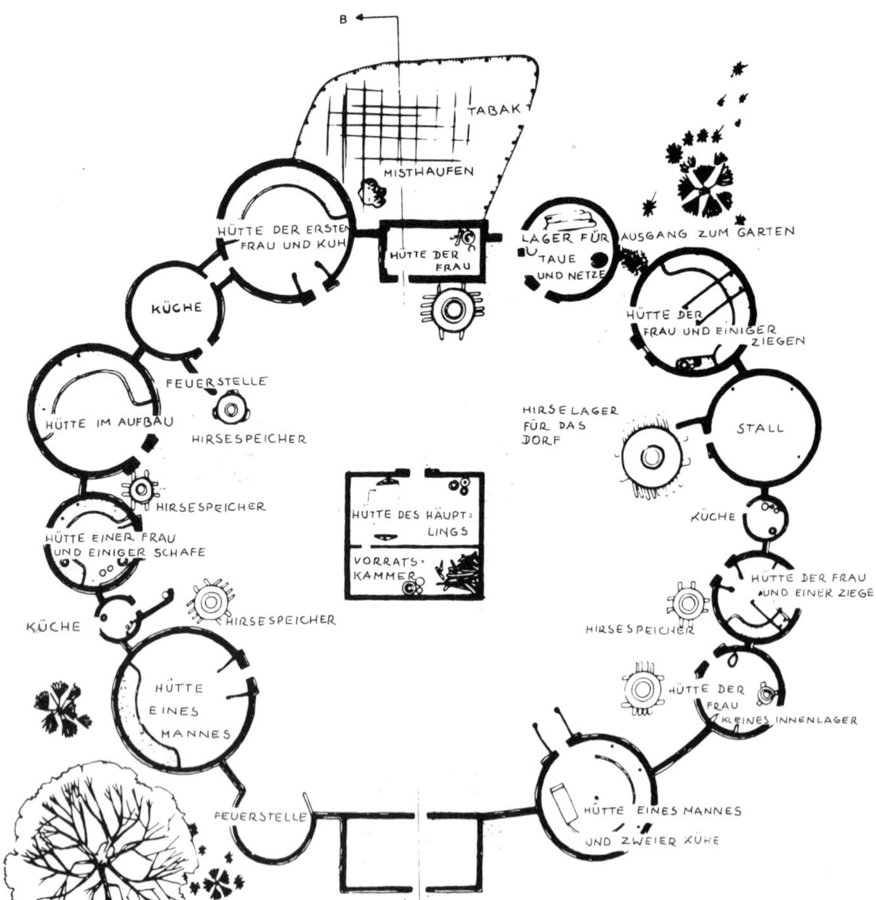

Plan eines Mousgoum-Dorfes. Gaia, Kamerun, Afrika.

In der gegenwärtig herrschenden Kultur sind wir weit von der Situation jener Menschen entfernt, für die alles heilig ist - für die der Stamm eine geheiligte soziale Einheit ist und der innere Aufbau des Stammes eine Widerspiegelung des göttlichen Ganzen, ein Abbild des Himmels, eingeprägt in jede Tat, jedes Kunstwerk und jede Wohnstätte. Wenn wir auch nicht mehr das gleiche gemeinschaftsbezogene, mittelpunktsorientierte Bewußtsein unserer Vorfahren und all jener teilen, die noch dazu in der Lage sind, einen traditionsbewußten Lebensstil aufrechtzuerhalten, können wir doch für uns selbst im einzelnen immer noch die gleiche ursprüngliche Existenzform verwirklichen. Wie zivilisiert wir auch geworden sein mögen, müssen wir doch nur uns selbst gegenüber die Grundfrage der Selbstfindung beantworten, und in dieser Hinsicht unterscheidet sich unsere heutige Lage in nichts gegenüber derjenigen unserer ersten Vorfahren, die aus ihren Wäldern heraus in das Licht traten. In dieser Situation beginnt die immanente Heilkraft des Mandala wieder an Gültigkeit zu gewinnen.

Ein sorgfältig gezeichnetes Mandala *ist wie ein in sich abgeschlossenes Buch, das ein Großteil an Botschaft enthält; derjenige, der die Symbole entziffern will, muß jedoch zuerst die Sprache erlernen.*

Robert S. De Ropp

Das Zentrum und die Gegensätze

Es gibt zwar nur *ein* Mittelpunktsprinzip, jedoch unzählige Muster, Wirbel und Strudel von Formen und Abläufen, die vom Mittelpunkt aus bewirkt werden; und obwohl es unzählige davon gibt, lassen sie sich im Grund auf einen Mittelpunkt zurückführen, denn jeder ist im Grunde der gleiche, nicht mehr reduzierbare Punkt, die Ursilbe, das Wort, der Logos, wodurch alles seinen Anstoß bekommt und wo alles hindurch muß. Darin liegt die Bedeutung der mystischen Silbe OM, die auf ihre Weise die Keimzelle allen Klangs ist, so wie es der Punkt für den Sehvorgang ist. Es gibt für uns zwei Bewegungen, die sich durch eine beliebige Zahl an Richtungen bestimmen lassen: eine Bewegung hin zu und eine Bewegung weg von. Eine vorwärts gerichtete Bewegung, die Bewegung bei der Geburt, geht vom Mittelpunkt weg hinein in die Welt der Unterscheidung; eine rückläufige Bewegung auf den Punkt zu ist die Bewegung des Todes oder der Wiederaufnahme in den Bereich des unbegrenzt Möglichen. Diese beiden Bewegungen und ihre Pole, Geburt und Tod, umschreiben die Grundpolarität unserer Existenz, so wie wir sie sehen. Tatsächlich sind die beiden Pole nur die äußersten Endpunkte, die wir von ein und derselben Bewegung wahrnehmen können.

Das grundlegende Merkmal, von dem unser Bewußtsein bestimmt wird, ist der *Gegensatz.* Als Musterbeispiel für die Beschaffenheit unseres Bewußtseins zeigt das *t'ai chi*-Symbol, daß die beiden Grundelemente - *Yin* und *Yang* - nur existieren kraft ihres gleichzeitigen Gegensatzes; nur zusammen bestehen sie, und nur zusammen bilden sie das Ganze, das durch den sie einschließenden Kreis versinnbildlicht wird. Wir leben eingetaucht in ein Meer voller Gegensätze: Leben und Tod, Mann und Frau, schwach und stark, hoch und niedrig, glücklich und traurig, schwarz und weiß. In unglaublicher Weise basieren unser

Bewußtsein, unsere Sprache und zeitgenössischen Sozialstrukturen und -methoden auf den Verzweigungen dieser Grundpolaritäten und sind davon durchdrungen. Unser Irrtum besteht darin, sie als absolute, wenn auch genau umrissene Größen anzusehen. Dies geht aus einer Einschränkung innerhalb unserer bewußten Erfahrung hervor, zumindest wie sie bisher entwickelt und geprägt wurde. In der heutzutage üblichen Orientierung des Bewußtseins werden nur die Gegensätze gesehen und erfahren; ohne die Kenntnis des gemeinsamen Urgrunds, des Mittelpunkts, muß daher alles als unaufhörlicher Kampf erlebt werden, als Schlachten und Kriege, die gegen selbstgeschaffene und sich selbst-reproduzierende Gegner geführt werden. Von dem Menschen, der nicht in einem Mittelpunkt verwurzelt ist, läßt sich sagen, daß - wenn er keinen Feind hätte - er es für notwendig hielte, einen zu erfinden!

Der *Mittelpunkt* und die *Polaritäten:* dies sind die Schlüssel, mit denen sich die Sprache des Mandala erschließen läßt. Das Mandala kann die Fesseln der inneren Konflikte des Menschen aufbrechen, indem es ihn nämlich zu einem Standpunkt hinführt, von dem aus die verschiedenen Gegensätzlichkeiten harmonisch, als Wechselbeziehung, erscheinen. Alles Verstehen und Wissen, alle Grundsätze, die auf der Ur-Dualität irdischen Bewußtseins beruhen,beugen sich vor dem Geheimnis des Zentrums, des Punktes, aus dem alles hervorgeht und zu dem alles zurückkehrt. Die Wechselbeziehung von Geburt und Tod, Anziehung und Abstoßung von Formen und Kräften, Vergangenheit und Zukunft werden von dem augenblicklichen und gleichzeitig doch ewigen Ursprungspunkt, der rätselhaften Gegenwart, zusammengehalten. Und was sind diese Gegensatzpunkte anderes als spiegelbildliche Entwicklungsstufen der vielfachen Spielarten von Wachstum und Umwandlung, die von den Keimzellen ausgesandt werden, durch die Energie gesammelt oder verteilt, verwandelt oder neugeschaffen wird?

Konzentrierung, Heilung und *Wachstum* bestimmen den Bewegungsrhythmus des Mandala. Lenkt ein Organismus seine Energie auf sich, kann er sich selbst heilen, wachsen und über sich selbst hinaus entfalten. Heilung und Wachstum sind nur Reaktionen auf jene Krisenpunkte, auf die jeder Organismus einmal stößt. Diese Krisen sind ein "normaler" Bestandteil innerhalb des Lebensprozesses, die die Gelenkstellen innerhalb der Evolution anzeigen so wie die Bambusringe die Länge des Stabes. Es hängt jedoch von der Reaktion des Einzelnen auf solche Krisenpunkte ab, ob die weitere Entwicklung hin zum Licht oder zur Finsternis verlaufen wird, auf eine neue gesteigerte Erlebnisfähigkeit zu oder einen Zustand von Stillstand und Verfall.

Vom Mandala aus gesehen gibt es weder "gute" noch "schlechte" Aspekte, mehr oder weniger gute oder schlechte Erfahrungen: alle Erfahrung ist insofern gleich, daß sie sich überhaupt ereignet. Es ist Aufgabe des Einzelnen, seine Erfahrungen nicht mit ethischen Etiketten zu versehen, sondern sie als gleichrangig zu akzeptieren, sie einander anzugleichen und die Lehre zu verstehen, die in ihnen steckt. Das Mandala als konstruiertes Gebilde versetzt das Individuum in die Lage, seine Erfahrungen besser anzunehmen, denn es liefert ihm einen allgemeinen Plan, ein Schema, aus dem heraus sie im Verhältnis zu ihren Gegenpolen und Widersprüchen abgelesen werden können. So wird die Komplexität jeder Situation vollständig erfaßt, eine Einheit der Gegensätze ist erreicht und eine weitere Wachstumsstufe begonnen worden.

Das Mandala ist ein fundamentales Werkzeug für den zweiten größeren Entwicklungsprozeß, den der Mensch durchläuft; er beginnt dort, wo das physische Wachstum im wesentlichen abgeschlossen ist (obwohl die körperlichen Umwandlungsprozesse natürlich erstmit dem Tode aufhören). Bis zum Zeitpunkt körperlicher Reife wird die größte Aufmerksamkeit auf das körperliche Zusammenspiel des Organismus verwandt. Nachdem der Reifungspunkt einmal erreicht und die körperlichen Grenzen erprobt sind, verlagert sich der Brennpunkt der Aufmerksamkeit langsam nach innen auf die Entwicklung und den Zusammenklang der Erkenntnisfähigkeiten.

Als Werkzeug innerhalb dieses Wachstumsprozesses hilft die Wechselbeziehung zwischen den Elementen des Mandala dem Individuum, sich auf es zu konzentrieren, indem es den Sinn für sein eigenes Bezugssystem verstärkt. Jedes Teilchen ist mit jedem anderen verbunden und gibt ihm Unterstützung. In der Natur läßt sich das leicht an einer Schneeflocke oder einem mikroskopisch kleinen Seetierchen feststellen. Jedes bildet ein organisches Ganzes, eine vollkommene Ökonomie in Gestalt und Funktionsfähigkeit, die es der Gesamtheit ermöglicht, ihre Funktionen mit höchstmöglicher Freiheit auszuüben.

Ebenso wie mit diesen winzig kleinen Organismen verhält es sich mit dem Menschen. Bedingt durch die Feinheiten in seiner Entwicklung jedoch und die daraus entstehende Flexibilität in seinem Aufbau entfaltet der Mensch eine größere Fähigkeit zu organischer Verschmelzung und Umwandlung. Aufgrund ihrer komplexen Natur neigen die menschlichen Energien dazu, sich in alle Winde zu zerstreuen, wodurch das ungeheure Wachstumspotential an seiner Entwick-

mikroskopische Aufname vom Arachnoidisius Ehrenbergii

lung gehindert wird. Im Grunde seines Wesens ist jeder Mensch für sich ein Mandala; dieses muß jedoch entwickelt und für jeden Einzelnen neugestaltet werden. Jeder Mensch muß in sich selbst die Mitte spüren, zum Bewußtsein seiner eigenen gegensätzlichen Bezugspunkte kommen und zu seinem Mittelpunkt vorstoßen, um die dort schlummernden Energien freizulassen. Es läßt sich auch anders ausdrücken, daß jedes Mandala, jeder Organismus, als eine Ganzheit existiert: so hat Dane Rudhyar darauf hingewiesen, daß jeder Organismus ein Brennpunkt des gesamten Universums innerhalb eines gegebenen Raum/Zeit-Intervalls ebenso wie jedes Raum/Zeit-Intervall ein solcher Brennpunkt sei.

Bei den Tibetern versetzt das Mandala den sich Versenkenden in eine vollständige Identifikation mit dem vorhandenen Muster. Der Meditierende erfährt, daß er sich in einer grundlegenden Beziehung zu den kosmischen Abläufen befindet. Diese erneuerte Empfindung einer Verbundenheit schafft die Selbstenthüllung als ein organisches Ganzes. Der Meditierende erkennt intuitiv, daß er nicht nur aus fortlaufenden Wechselbeziehungen zwischen Strukturteilchen und -gefügen zusammengesetzt wird, sondern daß diese Zusammensetzung nur innerhalb eines größeren Bezugsnetzes existieren kann.

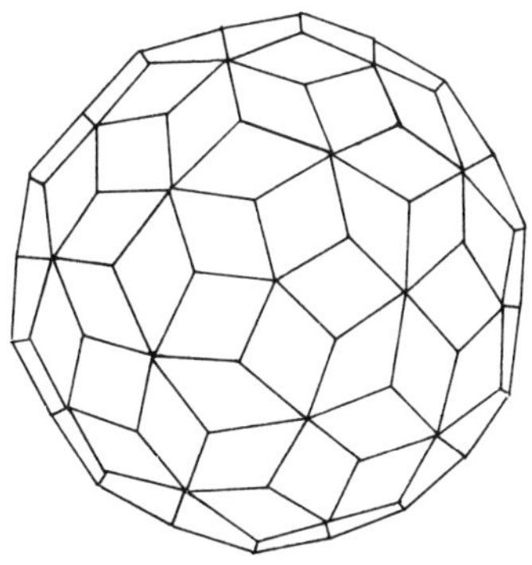

Endlich und unendlich, – dieses ist nur eine Begriffsbildung, über die das Mandala uns hinausführen soll. Das Mandala ist ein Maßstab dafür, organische Gliederungen aufzuweisen: Wechselbeziehungen zwischen einzelnen Bestandteilen, gegenseitige Abhängigkeit von Systemen untereinander, Resonanz und Synchronizität. Buckminster Fullers Begriffsbestimmung des Zusammenwirkens ("synergy"), was er als Grundlage für seine "kraftvergrößernde" Bauweise (dymaxion) verwandte, läßt sich auch auf das Mandala übertragen: ein dynamisches System, innerhalb dessen die Gesamtsumme seiner Teile nicht notwendigerweise die Erscheinung des Ganzen im voraus bestimmt. Ein organisch miteinander verbundenes Ganzes bedeutet nicht, daß die in sich abgeschlossenen Einheiten nicht wachsen, sich verändern und transformiert werden könnten. Ganz im Gegenteil: je organischer das Ganze sein mag, umso größer ist seine Fähigkeit zu Wachstum und Wandel. Ganz zu sein bedeutet, geheilt und selbst-heilend zu sein; es bedeutet, Veränderungen gewachsen zu sein und dem Weg des geringsten Widerstandes zu folgen, dasjenige in sich aufzunehmen und von sich fernzuhalten, was zur Aufrechterhaltung des Organismus notwendig erscheint. Erhaltung bedeutet nicht, auf der Stelle zu treten, sondern durchzuhalten; es ist kein statischer, sondern ein dynamischer Prozeß. Die Dauer wurzelt in Wandlung und Verwandlung. Oftmals ist Veränderung der beste Schutz, wenn dies auch bedeutet, nicht länger das zu sein, was man gewesen ist; so ist man aber niemals das, was man gewesen ist und wird niemals das sein, was man jetzt ist. Allein die Quelle der Kraft ist ewig, die Kraft selbst erhält sich durch Umwandlung am Leben.

Das Mandala kann als "Wechselmotor" angesehen werden, der Energie in dem Maße freisetzt, wie das Individuum, das sie benutzt und auf sich konzentriert, sich damit zu identifizieren vermag. Letztlich führt das Mandala denjenigen, der mit ihm arbeitet, zu einer Vergegenwärtigung und Verwirklichung der Kraftquelle in sich selbst. Der Grundgedanke des Mandala liegt nicht in der äußeren Gestaltung, die für jede Situation einmalig ist, sondern im Mittelpunkt, der Quelle, durch die schöpferische Energie fließt. Vollständig, ganz zu werden bedeutet, dazu fähig zu sein, Kontakt zum eigenen Mittelpunkt aufzunehmen. Mandala bedeutet eine *mittelpunktsbezogene* Technik, ein Entwicklungsvorgang, bewußt dem eigenen Weg zum Mittelpunkt nachzufolgen. Ein völlig individualisiertes Wesen, mag ihm im äußeren Bereich zustoßen was will, ist befähigt, die Beziehung zum Mittelpunkt aufrechtzuerhalten, jegliche Erfahrung durchzumachen und miteinander in Einklang zu bringen, ohne die Verbindung zu seiner tiefsten Lebensquelle zu verlieren.

Für eine Welt, die vom "Bürgerkrieg des Menschen" gespalten wird, ist Heilung, Versöhnung notwendig, um sie wieder ganz zu machen. Das Mandala ist eine solche ganz-machende Technik; es ist die Alchemie, Gegensätze miteinander zu vereinen, ein Plan, der auf alles, jeden Menschen und jedes Ding angewendet werden kann. Es ist Vision, Gesang, Erzählung, Tanz - ein sich unendlich erneuerndes Samenkorn, das in seinem Zellkern den gesamten Traum seiner Gattung, die Energie seiner Art enthält. Und ebenso verhält es sich mit dem Menschen, der das Samenkorn göttlicher Energie ist, die Pflanze, aus der heraus sich die Menschheit in Form eines Mandala entwickeln kann. Mandala ist eine Technik, diese lebensnotwendige Energie innerhalb des Menschen zu schaffen. *Der Mensch muß sich selbst aus der Ewigkeit seines Körpers heraus erneuern.*

Anmerkungen

Die Literatur über das Mandala ist nicht gerade umfangreich. Zumeist beschäftigt sie sich mit dem Mandala als einer religiösen Kunstform des Ostens; obgleich einige Philosophen, wie Eliade und Jung, das Mandala in Beziehung zu anderen Kulturen und Traditionen gesetzt haben, so hat doch keiner ein einigermaßen umfassendes Konzept entworfen. Grundlegende Hinweise auf die östliche Tradition finden sich in: Giuseppe Tucci, *Geheimnis des Mandala; Theorie und Praxis* (Weilheim/Obb.: O.W. Barth, 1972); Mircea Eliade, *Yoga; Unsterblichkeit und Freiheit* (Zürich u. Stuttgart: Rascher, 1960), besonders S. 228-237; Lama Anagarika Govinda, *Grundlagen tibetischer Mystik* (Zürich und Stuttgart: Rascher, 1966, jetzt O.W. Barth); ebenfalls von Lama Govinda stammt ein Buch mit Meditationen, Reflexionen und Zeichnungen mit dem Titel *Mandala; der heilige Kreis* (Zürich: Origo, 1960, Neuauflage 1973); John Blofeld, *Der Weg zur Macht; praktische Einführung in Mystik und Meditation des tantrischen Buddhismus* (Weilheim/Obb.: O.W. Barth, 1970), besonders das 4. Kapitel "Psychische und Materielle Symbole", S. 94-127; und Ajit Mookerjee, *Tantra Kunst; ihre Philosophie und Naturwissenschaft* (Basel: Basilius Presse, 1967/68, später Schroll). Die indianischen Sandmalereien des amerikanischen Südwestens sind in Gestaltung und Absicht mit den Mandalas des Ostens verwandt. Auch hier existiert keine formale Untersuchung, die die beiden Traditionen miteinander vergleicht. Ein grundlegender Text ist: David Villaseñor, *Mandalas im Sand; vom Wesen indianischer Sandmalerei* (Obernhain/Ts.: Iris Verlag, 1974), der ausgezeichnet ist, weil ein Bericht "aus erster Hand".

Andere Hinweise sind enthalten in: Mary D. Wheelwright, *Beautyway; a Navaho Ceremonial* (New York: Pantheon Books, 1957); Gladys A. Reichard, *Navaho Religion; a Study in Symbolism* (New York: Bollingen, 1963); und Leland C. Wyman, *Navaho Indian Sandpainting* (Santa Fe: Taylor Museum, o. J.).
Der universelle Charakter des Mandala als Grundmuster kann weiterhin vermittelt werden durch Douglas Fraser's Buch *Village Planning in the Primitive World* (New York: Braziller, 1968).

Ein wichtiges Glied in Geschichte und Theorie des Mandala bildet die Arbeit C.G. Jungs. Die bedeutendsten seiner Werke, die sich mit dem Mandala befassen, sind: *Gesammelte Werke* (Zürich u. Stuttgart: Rascher, 1958 ff., jetzt bei Walter), besonders *Die Archetypen und das kollektive Unbewußte* (Band 9/I in Vorbereitung, bisher erschienen in der Jung-Studienausgabe als *Das kollektive Unbewußte* (Die Archetypen I) und *Zur Empirie des Individuationsprozesses* (Die Archetypen II) und *Psychologie und Alchemie* (Band 12, erschienen 1972); und die Anmerkungen, mit denen er Richard Wilhelms *Das Geheimnis der Goldenen Blüte* (Olten u. Freiburg i. Br.: Walter, 1971) versehen hat.

Unlängst hat das Interesse für die Psychologie des Bewußtseins dem Mandala wieder zu neuem Ansehen verholfen. Dafür ist das Werk Dane Rudhyars von besonderer Bedeutung, und seine *Astrology of Personality* (New York: Doubleday, 1970) gibt eine gute Einführung in den ganzheitlichen Begriff des Mandala.

Insofern das Mandalas ein umfassendes Bauprinzip ist, kann die von R. Buckminster Fuller begonnene Arbeit Einsichten vermitteln, die sich leicht mit dem Mandala in Verbindung bringen lassen. Siehe dazu R. Buckminster Fuller, *World Design Decade Documents 1965-1975* (Carbondale, III.: World Resources Inventory Office, 1965); oder, mehr praktisch: *Domebook One* und *Domebook Two* (Los Gatos, Cal.: Pacific Domes/Random House, 1970); und Steve Baers *Dome Cookbook* (Corrales, N.M., 1969).

Das Auge, das von der Kunst her mit dem Mandala vertraut ist, wird es überall in der Natur enthüllt finden. Obwohl es nicht besonders darin erwähnt wird, können die nachfolgenden Werke einiges Licht auf das Mandala als natürliches Strukturprinzip werfen: Gyorgy Kepes (Hrsg.), *Structure in Art and Science* (New York: Braziller, 1965); O.W. Thompson, *On Growth and Form* (New York: Cambridge University Press, 1961); und L. L. White, *Aspects of Form* (Bloomington: Indiana University Press, 1951).

Schließlich taucht das Mandala in der heiligen und göttlichen eingegebenen Weltliteratur wenn nicht namentlich, so doch als bildhafter Ausdruck göttlicher Vision und Offenbarung auf. Zu diesen Werken zählen, um nur einige wenige anzuführen, die Upanishaden, das Tao Te King und das I Ging, die prophetischen Schriften der Bibel, die epische Dichtung von Dante und William Blake.

Das Photo der Erdansicht verdanken wir der NASA. Röntgenaufnahme von Beryll, mikroskopische Aufnahme vom Querschnitt eines Zweiges von I.W. Bailey vom *Arachnoidisius Ehrenbergii* von Max Posner sind entnommen aus *Structure in Art and Science,* herausgegeben von Gyorgy Kepes (George Braziller, New York, 1965), mit freundlicher Genehmigung des Verlegers abgedruckt. Das Kalachakra-Mandala ist entnommen aus *A New Tibeto-Mongol Pantheon,* Teil 12, von den Professoren Raghu Vira und Lokesh Chandra (International Academy of Indian Culture, Neu Delhi, 1967). Der Plan eines Mousgoum-Dorfes ist aus *Village Planning in the Primitive World* von Douglas Fraser (George Braziller, New York, 1968). Es erschien ursprünglich in *L'habitat au Cameroun* von J. Beguin et al. (Paris, 1951).

Ich bin das Mandala

des Augenlichts

II

Das Mandala als Sehvorgang

Zuallererst ist es notwendig, das Sehorgan dem Gegenstand entsprechend und ähnlich zu machen, der betrachtet werden soll. Niemals hätte das Auge die Sonne wahrnehmen können, wenn es nicht zuerst die Form der Sonne angenommen hätte; ebenso kann die Seele Schönheit nicht erkennen, bevor sie nicht zuerst selbst schön geworden ist. Und jeder Mensch muß sich zuerst selbst in den Zustand von Schönheit und Göttlichkeit versetzen, um Schönheit und Göttlichkeit erschauen zu können.

Plotin

Das Mandala ist im wesentlichen ein visuelles Gebilde, das ziemlich leicht vom Auge erfaßt werden kann, weil es der Grunderfahrung des Sehens ebenso entspricht wie dem Aufbau des Sehorgans. Die Pupille im Auge ist selbst eine einfache Mandala-Form. Das Auge empfängt Licht und projiziert seine Wahrnehmungen von außen durch die Pupille hindurch, das heißt, durch den Mittelpunkt eines einfachen Kreises. Die reinste, einfachste und dennoch umfassendste Form ist der Kreis; die anfänglichste und doch sich immer weiter entwickelnde Erfahrung lebendiger Organismen ist diejenige des Lichts, dessen sichtbare Quelle die Sonne ist. Es existiert eine deutliche Beziehung zwischen Gestalt und Wirkungsweise der Sonne, dem Sehorgan und der Lichterfahrung. Das Auge ist der menschliche Vermittler zwischen dem Geschenk des Lichtes von außen und dem Licht, das im Innern brennt. Nach Matthäus sagte Christus: "Das Auge ist des Leibes Licht. Wenn dein Auge lauter ist, so wird dein ganzer Leib licht sein.“ Das Mandala kann als Symbol oder Werkzeug für jenen von Christus umschriebenen Vorgang bezeichnet werden, wodurch das Auge *lauter* gemacht wird; wie eine Linse, die den Organismus mit Licht durchflutet - nicht mit Sonnenlicht, sondern dem inneren Licht, von welchem die Sonne nur die Widerspiegelung zu sein scheint. Einige Lehren des Taoismus erklären, daß das Auge das *positive* Element sei, während der restliche Körper *negativ* sei. Liegt nicht in dieser positiven Einzelstellung des Auges, in der Zielgerichtetheit seiner Sehweise eine Andeutung des Dritten Auges, des allsehenden Auges, das niemals schläft?

Wenn der Mensch klar sehen könnte - so wie die *Seher* immer *gesehen* haben - dann gäbe es kein Bedürfnis nach Mandalas, weil Erfahrungen als organische Einheiten erfaßt würden, die von einer Quelle ausgehen und wieder zu ihr zurückkehren: zum Mittelpunkt der Existenz. Zu *sehen* bedeutet, die Gesamtheit der Erfahrung zu sehen und um sie zu *wissen*. Die Schriften der alten Seher Indiens werden *Veden* genannt, ein Begriff aus dem Sanskrit, der gleichzeitig mit *Vi*sion und *Weis*heit verbunden ist.

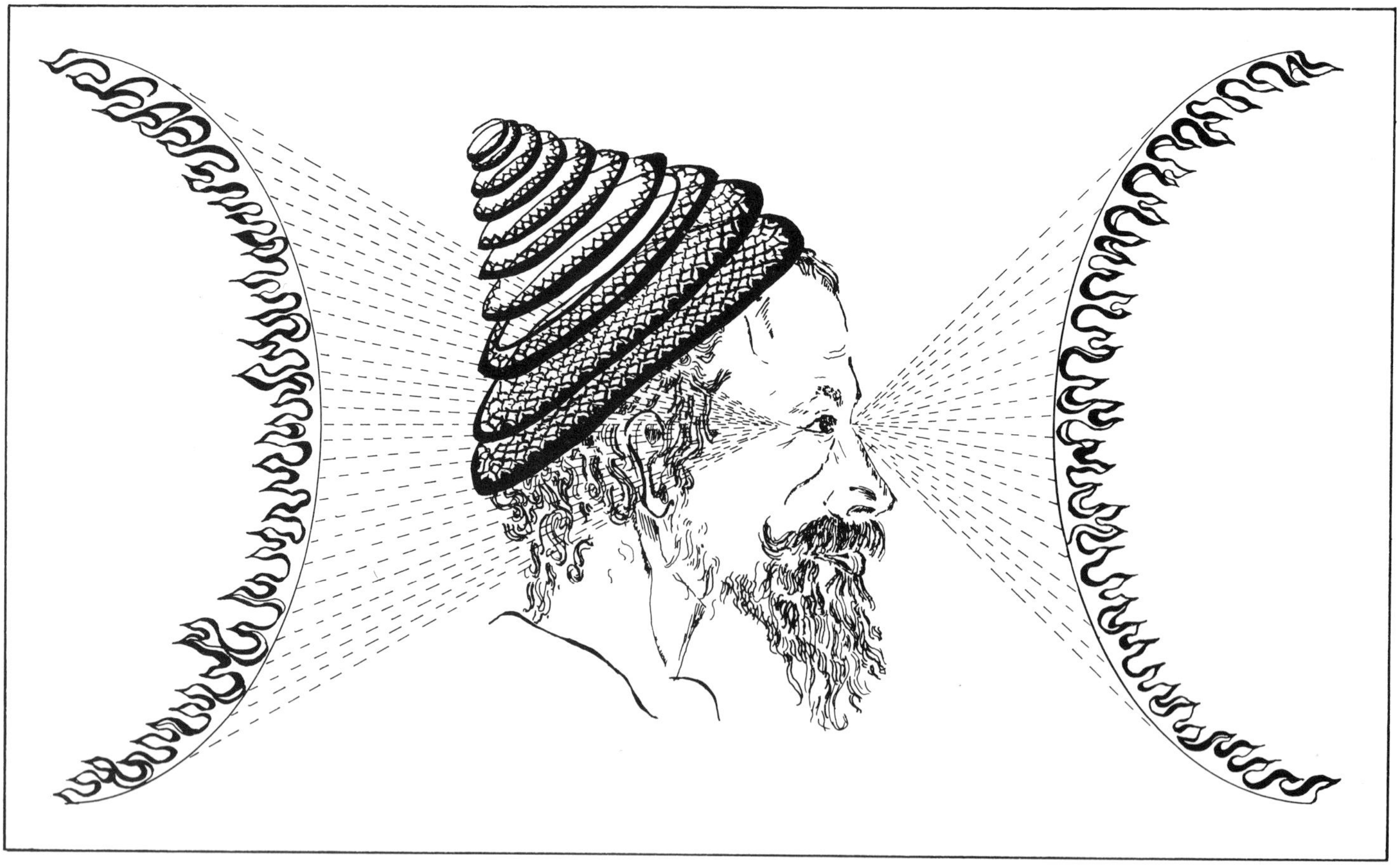

Das Wissen der alten Seher entsprang nämlich einer direkten Wahrnehmung der Realität: sie *sahen* die Wahrheit. Es fällt in den Bereich der Spekulation, ob sich dies aus ihrer kulturellen Situation ergab, die geistig weniger hochgestochen und weniger belastet mit Informationsdaten war als die unsrige und so eine größere Möglichkeit bot, direkt zu sehen oder ob sie Zugang zu einer höheren Lehre oder Techniken oder zu beidem hatten. Mit der Zeit wurde es für das direkte Sehen durch die wachsende Ansammlung von Informationsdaten immer schwieriger nachzukommen; von da an wurde das Mandala als eine *Gedächtnisstütze* für die direkte Wahrnehmung der Realität entwickelt.

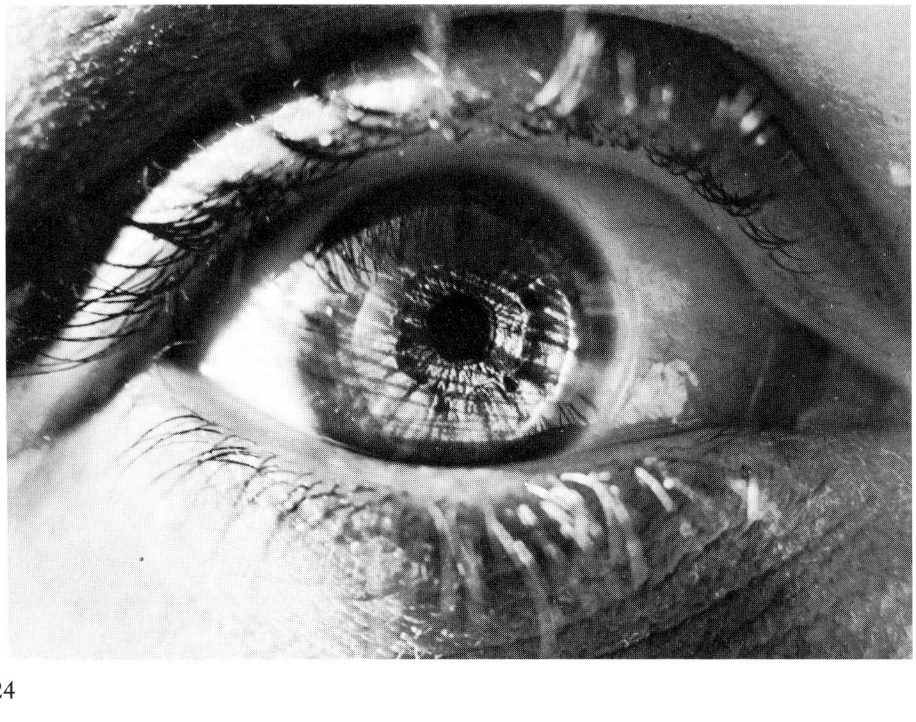

Die biopsychische Natur des Mandala ist folgendermaßen definiert worden:

(Der) Mechanismus des Mandala kann auch in Begriffen aus der Neurophysiologie des Auges verstanden werden . . . (so wie) das Mandala eine Zeichnung von der Struktur des Auges ist, so entspricht der Mittelpunkt des Mandala dem "blinden Fleck". Da der "blinde Fleck" der Ausgang aus dem Auge zum Sehzentrum des Gehirns ist, so gehst du, wenn du durch den Mittelpunkt "hinaus"-gehst, in das Gehirn hinein. Der Yogi findet das Mandala in seinem eigenen Körper wieder. Das Mandala ist ein Werkzeug, um die Welt der visuell wahrnehmbaren Erscheinungen zu überschreiten, indem sie zunächst auf einen Mittelpunkt hin gelenkt und nach innen gekehrt werden."
Ralph Metzner und Timothy Leary

Tafel 1: *Goldenes Ei.* Roberto Matiello.

Tafel 2: *Feuer im Salomonischen Siegel.* Henry Sultan.

Tafel 3:
Evolutions-Mandala.
Dion Wright.

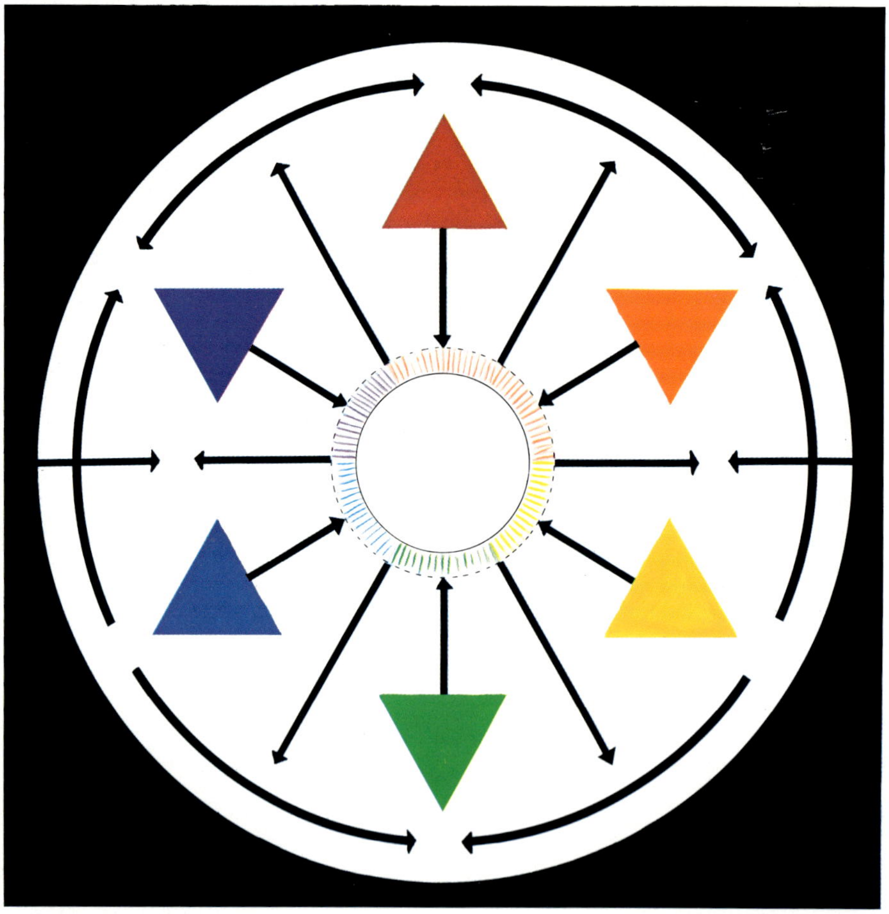

Tafel 4: *Farbenrad*

Tafel 5: *Mandala.* Jeanette Stobie.

Ein direkter Weg, das Mandala wieder zu entdecken, wird durch einfache Sehübungen und Beobachtung des eigenen Sehapparats und seiner Arbeitsweise möglich. Betrachte beispielsweise den Aufbau der Netzhaut, indem du leicht auf die geschlossenen Augenlider drückst. Reflektiere über das Wesen und die Stärke des Lichtes, das diese Muster begleitet; sicherlich gibt es hier kaum Dunkelheit, obwohl die Augen keinen direkten Zugang zur Sonne haben. Konzentration mit geschlossenen Augen ist ein ausgezeichnetes Mittel, um Auge und Gehirn zu entspannen. Kulturell überfütterte Personen sehen und empfangen häufig allzu mechanisch. Die Augen schließen, sich gehen lassen und beobachten, was dann geschieht, ist eine gute Übung - wenn auch nur, um festzustellen, wie unablässig der Gedanken- und Bilderstrom abläuft (ob diese Wahrnehmungseindrücke nun tatsächlich "visualisiert" werden oder nicht). Manchmal ist es sinnvoll, *Konzentrationsobjekte* einzuführen, um diese verwirrende Fülle ordnen zu können.

Es ist nicht notwendig, daß derjenige, der sich zu sammeln sucht, die Objekte wirklich *sieht;* er muß jedoch eine geistige Vorstellung von ihnen haben. Im folgenden wird eine einfache Reihe gezeigt, die man eingehend betrachten und sich dann darauf konzentrieren kann: dabei sollte zuerst die gesamte Reihe wiedererschaffen und dann als simultane Ganzheit (nämlich von Einzelteilen) angesehen werden:

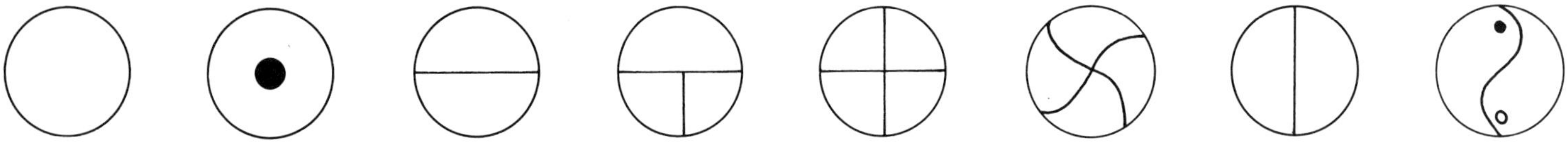

Gehe bei einer solchen Übung langsam vor. Manchmal ist es leichter, sich auf abstrakte Formen zu konzentrieren, wenn irgendeine "Geschichte" mit der Bildersprache Hand in Hand geht. Laß die "Geschichte" dabei spontan entstehen. Am besten sollte die vorausgehende visuelle Aufeinanderfolge den Anstoß geben zu einer Art von kosmischem Entstehungsprozeß.

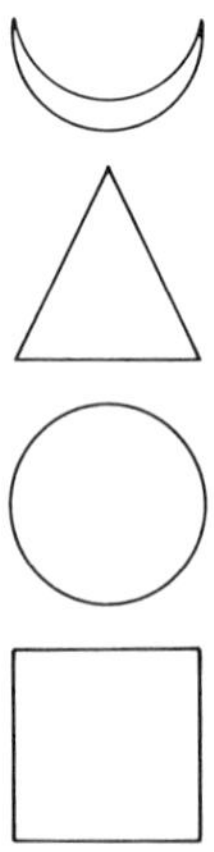

Eine andere Folge kann geistig ähnlich nachvollzogen werden wie die vorherige. Hierbei verläuft die Reihe vertikal, also von unten nach oben. Eine empfohlene Erzählung oder Assoziationskette wäre diejenige der Elemente: Viereck – Erde; Halbmond – Wasser; Dreieck – Feuer; und Kreis – Luft. Erforsche und empfinde die verschiedenen Formen; merke dir, welche körperlichen Assoziationen jeweils den vorgeschlagenen Symbolformen entsprechen. Versuche bei diesen Assoziationen wahrzunehmen, wie die Strukturen durch die Elemente bestimmt sind. Oder konzentriere dich in Gedanken auf jedes der vier Elemente und sieh dann, welche Formen sich jeweils von selbst anbieten.

Wenn du eine innere Handlung als Hilfsmittel dazu verwendest, um diese Bilder mit dem geistigen Auge zu sehen und zu erschaffen, versuche, einen Zustand losgelöster Bewußtheit zu erreichen. Andere Formen mögen sich von selbst anbieten oder aus den Formen erwachsen, worauf du dich konzentrierst. Diese Formen und die Reihungen, die sie hervorbringen, sollen zwar zur Kenntnis genommen, aber der Visualisierungsvorgang soll nicht „unterbrochen“ werden.

Versuche nicht anzuhalten, beobachte lediglich und laß es weiterlaufen; der bedeutendste Faktor besteht darin, einen möglichst spontanen inneren Ablauf anzuregen. Nur aus dieser natürlichen Bewegung heraus kann Kreativität entstehen. Es bedarf häufiger Übung, ehe eine Person die kulturell bedingten Verhaltensweisen durchdringen und sich mühelos auf die Stufe des spontanen Bewußtseinsstroms versetzen kann. Man muß sich keine Sorgen darum machen, daß irgendetwas "verloren" gehe - was auch immer "gesehen" wurde, kam aus der Quelle, und diese Quelle liegt im Inneren.

Im Verlauf dieser elementaren Konzentrationsübungen können Farben wahrgenommen werden. Diese Farben müssen nicht notwendigerweise mit einem speziellen Bild verbunden sein, sondern können als einfache, sich ständig verändernde, abstrakte Farbfelder für sich selbst auftauchen. Hier kannst du nun fragen, woher kam diese Farbe oder diese Farben? Wenn du Schwierigkeiten dabei hast, die Form visuell vorzustellen, ist die Erfahrung von Farbe gewöhnlich viel einfacher. Form ist der komplizierteste und abstrakteste Aspekt bei der visuellen Wahrnehmung. Das Auge empfängt ursprünglich keine Formen, sondern Licht. Das reine Licht ist zu intensiv und wird daher in Farbe zerlegt, um wahrgenommen werden zu können.

Ebenso wie das Mandala eine einfache Form oder eine Folge von Formen ist, so sind auch die Farben, die in klassischen Mandalas wie den tibetischen oder den indianischen Sandbildern des Westens verwandt werden, einfach und symbolisch. Für unsere Zielsetzung sind die Grundfarben rot, orange, gelb, grün, blau und violett. Dies sind die Spektral- oder Regenbogenfarben. Hinzu kommen noch schwarz und weiß, die oftmals nicht als Farben angesehen werden. Es geht hier keinesfalls darum, die Auswahl zu beschränken, aber am besten beginnt man so einfach wie möglich. Außerdem reagiert das Auge bereitwilliger auf die reinen, einfachen Farben.

Die sechs Farben, die wir aufgezählt haben, können zu einem einfachen Mandala angeordnet werden, damit ihre Verbindung zueinander besser erfaßt werden kann. (siehe Tafel 4). Mit unserer Anordnung unterstreichen wir das komplementäre, sich gegenseitig ergänzende Wesen oder die Polarität der verschiedenen Farben. Weiß, das die Verbindung oder gleichzeitige Erfahrung aller Spektralfarben ist (rufen wir uns Newtons Experimente mit dem Prisma ins Gedächtnis), wird vom Mittelpunkt aus zerstreut. Weiß ist reines Licht; es ist im Inneren enthalten und verbreitet sich strahlenförmig nach außen. Schwarz liegt außerhalb unseres Modells. Es ist die "Abwesenheit" von Farbe; es ist draußen, das Urchaos. Die sechs Spektralfarben sind in der Form eines sechseckigen Sterns angeordnet - zwei sich gegenseitig durchdringende gleichseitige Dreiecke. Die Winkel des nach oben gerichteten Dreiecks symbolisieren die "Primär"-Farben: rot, gelb und blau. Die drei Winkel des nach unten gerichteten Dreiecks stellen die drei "Sekundär"-Farben dar. Jede der Sekundärfarben setzt sich zusammen aus den jeweiligen Primärfarben auf beiden Seiten, rot und gelb ergeben orange; blau und rot ergeben violett; und gelb und blau ergeben grün. Die Sekundärfarben des Regenbogens können umgekehrt mit den angrenzenden Primärfarben gemischt werden, um eine dritte Abstufung von Farbtönen zu erreichen. Am günstigsten soll der Umkreis, der die Ecken des Sterns miteinander verbindet, alle ineinanderübergehenden Abstufungen der sechs Farben enthalten.

Die sechs Farben sind so angeordnet, daß eine jede ihrer komplementären gegenüberliegt. Die sich ergänzenden Komplementärfarben sind: rot (primär) und grün (sekundär); blau (primär) und orange (sekundär); gelb (primär) und violett (sekundär). Werden die beiden jeweils komplementären Farbtöne nebeneinander placiert, so entsteht ein Zusammenprall oder visueller Blitz; werden sie miteinander vermischt, so neigen sie dazu, sich gegenseitig aufzuheben und schaffen einen schmutzig-weißen Effekt. Jegliche Zusammensetzung von Komplementärfarben schließt die drei Primärfarben ein; verschmelzen deren Lichtwellen, so entsteht Weiß. Das komplementäre Paar, rot-und-grün, setzt sich beispielsweise aus der Primärfarbe Rot und der Sekundärfarbe Grün zusammen, die sich wiederum aus den beiden anderen Primärfarben, blau und gelb, ergibt. Es gibt da auch noch den Effekt des komplementären Nach-Bildes: betrachte einige Augenblicke lang eine Farbe, schau dann fort oder schließe die Augen; das Nach-Bild erscheint komplementär zu der ursprünglichen Farbe. Die Komplementärfarben bestimmen sich gegenseitig unmittelbar als einen Zustand des Bewußtseins, so wie *Yin* und *Yang* ihre Wechselbeziehung im *t'ai chi*-Symbol aufdecken. Dies wird eigentlich als das Gesetz des gleichzeitigen Gegensatzes bezeichnet.

Die Wahrnehmung von Farbe ist subjektiv und ebenso ein inneres visuelles Phänomen wie ein äußeres. An Rot wird oft als an eine warme, leidenschaftliche Farbe gedacht - an Blau als eine viel ruhigere, kühlere Farbe. Jede Person assoziiert unterschiedlich emotionale und subjektive Werte mit den verschiedenen Farben, und es gibt kein absolut gültiges Verhältnis 1 : 1 zwischen Farbe und subjektiver Besetzung. Betrachte nun das Diagramm und finde heraus, welche Assoziationen und gefühlsmäßige Reaktionen die Farben hervorrufen. Fasse die Himmelsrichtungen - Nord, Süd, Ost und West und auch den Mittelpunkt - genau ins Auge und ordne jeder dieser Richtungen ihr wesensgemäße Farben zu. Zahlreiche ur-amerikanische und östliche Kulturen assoziieren Farben mit den verschiedenen Himmelsrichtungen als charakteristisches Merkmal ihrer Orientierungs-Mandalas.

Der Verbindung zwischen Farbe und Himmelsrichtung entspricht diejenige zwischen einer bestimmten Farbe und den verschiedenen Körperteilen, wie auch etwa unterschiedliche Farben in Beziehung zu den verschiedenen Gefühlsarten und Temperamenten gesetzt werden. Welche Farbe entspricht dem Kopf oder

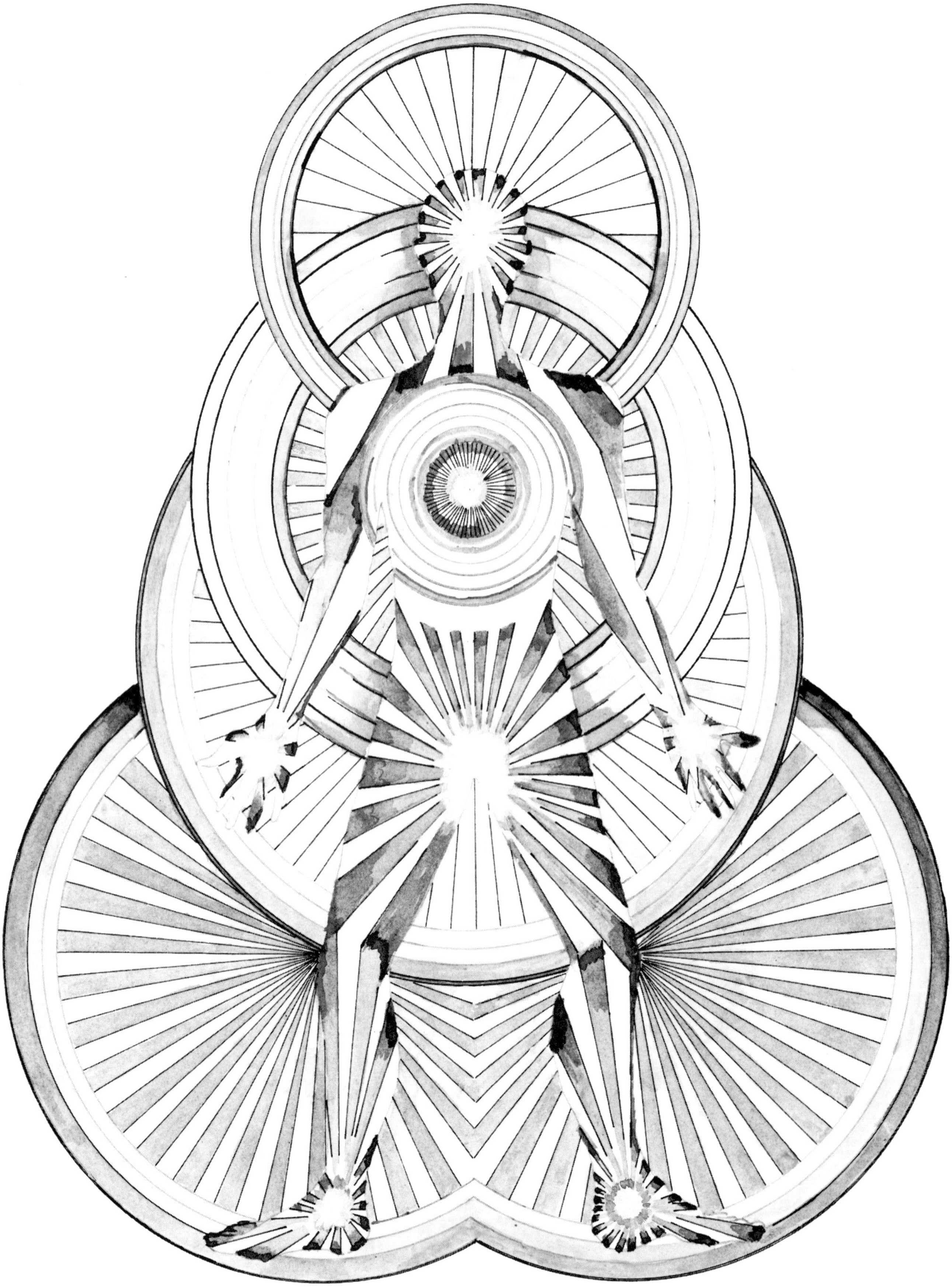

dem geistigen Bereich? Welche Farbe gehört zur Kehle, dem Bereich des Sprechens? zur Lunge und der Atmungsfunktion? zum Herzen und Kreislaufsystem? zur Wirbelsäule? zu den Verdauungsorganen? zum Sexus und den Ausscheidungsorganen? zu den Gliedmaßen? Suche nicht, die Vergegenwärtigung der Farbe zu erzwingen; stelle dich vielmehr auf bestimmte Körperteile oder -funktionen ein und sieh, welche Farbe, wenn überhaupt, auftaucht oder sich von selbst aufdrängt.

Betrachte als Übung zur inneren Sichtbarmachung die Regenbogenfarben so, als ob sie vom Herzen ausstrahlten, ganz ähnlich wie das Farbdiagramm. Stelle dir, vom Herzen als Mittelpunkt des reinen weißen Lichtes ausgehend, einen kreisförmigen Regenbogen vor, der langsam den gesamten Körper erfüllt. Laß dabei den Kopf die Spitze des nach oben gerichteten Dreiecks sein, den Punkt des schillernden violett-roten Lichtes. Stelle dir dann vor, wie Hände und Füße einen Kreis beschreiben. Der Kreisumfang ergibt sich aus einer imaginären Linie, die den Kopf mit der ausgestreckten linken Hand verbindet und dann weiterläuft zum linken Fuß, zum rechten Fuß, zur ausgestreckten rechten Hand und wieder zurück zum Kopf. Innerhalb dieses kreisförmigen Körperfeldes wird die linke Seite mit der von rot über orange und gelb nach grün verlaufenden Farbzone angefüllt. Die entsprechende Farbzone auf der rechten Körperseite verläuft von grün über blau und violett zum Rot hin.

Arbeite langsam, wenn du dir vorstellst, daß diese Farben deinen Körper erfüllen, empfinde die Farbe als Energie, die jede Zelle deines Körpers durchdringt und sich vom Herzen aus in jeder Richtung ausbreitet, bis du ein pulsierender, schwingender, kreisender Regenbogen bist, der von Farbe erstrahlt und voller Ruhe ist. Wenn die Farbe aus dem Mittelpunkt herausfließt, wird sie dunkler im Farbton und kühler in ihrer Temperatur, da sie sich der äußeren Begrenzung des Körperfeldes nähert.

Beschäftigt man sich mit Übungen, die die Farbzonen des Körpers hervorheben, erhebt sich natürlich die Frage der Aura oder des Körper-Feldes. Ohne sich in technische Fragen hinein zu verwickeln, die die Existenz oder Nicht-Existenz der Aura betreffen, ist es eine gute Übung, das Farbfeld, womit du deinen Körper ausgefüllt hast, auf den Bereich auszudehnen, der deinen Körper umgibt. Konzentriere dich auf deine Körper-Begrenzung. Suche dann das Gefühl der körperlichen Begrenzung zu lockern. Erlaube es den Farben, die einen bestimmten Bereich ausfüllen, sich auszudehnen und jenseits des Körperfeldes durchzusickern. Wenn du es wünschst, kannst du dir diese außer-körperlichen Ausdehnungen in Ultra-Violett (oder Ultra-Blau oder -Rot oder -Grün) vorstellen. Ultra-Violett und die anderen "Ultras" sind jene Farben des Spektrums, die für das normale menschliche Auge unsichtbar sind.

Versuche, einiges Gefühl für den zirkulierenden Regenbogen zu entwickeln, der vom Herzzentrum aus zu den Händen und Füßen und zum Bereich jenseits der Umgrenzung unseres Körpers ausstrahlt; suche ihn dort für eine kurze Weile zu halten und laß die Energie der Farben pulsieren und fließen. Nimm die Arten von Gefühlen, Emotionen und geistigen Assoziationen wahr, die mit den Farben in den verschiedenen Körperteilen kommen und gehen. Woher strömt diese Farbenenergie aus? Was veranlaßt sie zu fließen und den Geist/Körper-Bereich auszufüllen?

Sende nun die Farben zu ihrer Quelle, dem Herzzentrum, zurück. Bringe langsam das Regenbogen-Prisma zurück, indem du den Strom der Farbenenergie umkehrst, der vom Herzen ausströmt. Während du dies tust, versuche zu empfinden, wie das weiße Licht im Mittelpunkt sich nach außen ausdehnt: wenn die Farbenergien zu ihrem Ursprung zurückströmen, breitet sich der Strom des weißen Lichtes wiederum nach außen aus und erfüllt den Körper langsam mit dem ursprünglichen Licht der Erfahrung. Das reine weiße Licht des ungeteilten Seins, vollkommen leuchtend, glühend, blendend klar, erfüllt die Gesamtheit des Körpers bis zum Punkte seiner Verschmelzung, bis es keinen Körper, keine Umrisse, keine Spannung zwischen Körper und Umgebung mehr gibt - nur noch die Klarheit des Lichtes, im Einklang mit dem Zentrum, unterschiedslos für alle Dinge und Lebewesen, der eine Ursprung, der der tiefsten Seins-Sehnsucht zugrundeliegt. Laß dich davon tragen, denn die Unreinheiten lösen sich auf, und die Lebenselemente werden davon gereinigt.

Wenn du in dieses alles durchdringende Licht getaucht bist, dann erinnere dich, daß dies das Licht der ursprünglichen Erfahrung ist, das allen Dingen innewohnt. Die "Verzeichnungen" der Erkenntnis und kulturellen Bedingtheit erschweren die reine Erfahrung des Lichtes. Was oder wer sieht dieses Licht? Welche Augen haben jemals diese Erfahrung geschaut? Sind dies Augen aus Fleisch und Blut oder Augen aus Feuer?

Es gibt etwas, das die Sonne erhält, das nur für die Augen aus Feuer sichtbar ist; würden es die Augen aus Fleisch und Blut nur einen kleinen Augenblick lang anschauen, so würden sie bei eben diesem Blick zerschmelzen und verdorren. Diese unsichtbare Licht-Energie ist für uns ebenso verfügbar wie für die Sonne, denn wir können ebensowenig ohne sie existieren wie die Sonne, wenn deren Kraftquelle erlischt.

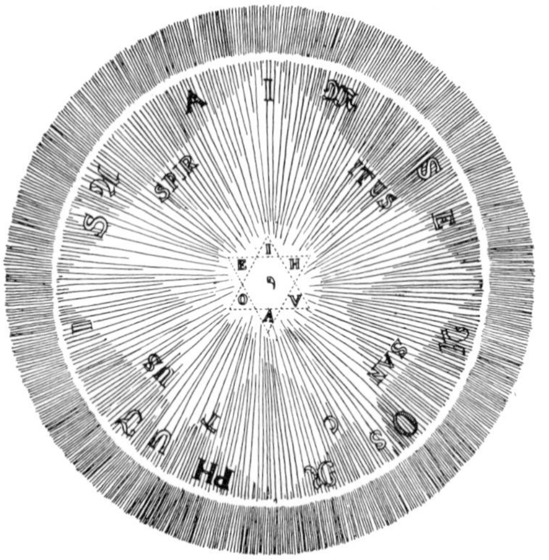

Das Leben ist eine reine Flamme
und wir leben
dank einer unsichtbaren Sonne,
die in uns brennt.

Sir Thomas Brown
The Urn Burial

Welche Wissenschaft uns auch immer von den physischen Augen berichtet hat, sie ist weniger zuverlässig dabei gewesen, über die inneren visuellen Fähigkeiten zu sprechen. Ob es nun Erinnerung, Traum, Voraussehung, Hellsehen, Halluzination oder Intuition genannt wurde - es gibt keine zufriedenstellende Antwort auf die Ursachen und die Eigenschaften dieser Phänomene. Die tiefsten Einblicke, Gedanken und Kunstwerke, die sich mit der Conditio humana und ihrer Sehnsucht nach dem Göttlichen beschäftigen, sind in dem Phänomen der Inneren Schau verwurzelt. Die traditionelle Philosophie spricht vom Dritten Auge, dem Auge oberhalb und zwischen den physischen Augen liegend. Es ist das gleiche Auge, auf das sich Christus bezieht und das in der hinduistischen Tradition *Ajña* genannt wird, das Weisheitsauge oder das Auge des Wissens.

Das Dritte Auge wird häufig durch einen doppelblättrigen Lotus symbolisiert, der auch als ∞ Unendlichkeitszeichen angesehen werden kann. Dieser Gebrauch kennzeichnet deutlich das Wesen der beiden Augen des physischen Körpers, die, wenn sie zusammengezogen werden, nicht länger getrennt und endlich sehen, sondern vereinigt und un-endlich. In der Überlieferung der Yogis wird dieser Zustand als *ekagrata* umschrieben: Konzentration auf ein Ziel. Es ist die Fähigkeit, aus dem Mittelpunkt seines Selbstes heraus zu sehen, dieser Mittelpunkt zu sein, sich immer von diesem gleichen Mittelpunkt aus zu bewegen, wie sich die Dinge auch immer verändern mögen.

Dieses ist das Sehen mit dem Mandala des Auges. Dringe zum Mittelpunkt vor und wisse um das Ganze. Folge diesem Weg. Wende dich nach innen und schaue mit den Augen aus Feuer das Mandala, das für das Ganze steht - Ich bin das Mandala des Augenlichts - dies ist der Weg des Feuers.

Reisende im Licht,
  Die ihr aus dem Samen des Lichtes erblüht
  Und in den Raum ewiger Dämmerung geweht werdet...
Die ihr die eine Erfahrung besingt:
Denn dies ist der Weg, der über alles hinausführt
Für immer, über alles hinaus, ins Jenseits
Die ihr nur jene unsichtbare Kraft kennt,
Von der unsere Körper
Die bruchstückhafte Widerspiegelung des Regenbogens sind
Oh, laßt uns weiterreisen
Wie der Wind,
        Der durch die Sonne weht!

Anmerkungen

Eine ausgezeichnete Zusammenfassung über das Wesen des Auges und der visuellen Wahrnehmung ist R. L. Gregory, *Eye and Brain; the Psychology of Seeing* (New York: McGraw-Hill, 1966). Die Verwandtschaft zwischen Auge und Mandala wird abgehandelt in der Arbeit von Ralph Metzner und Timothy Leary: "On Programming Psychedelic Experience", *Psychedelic Review,* No. 9, 1967, S. 4-19. Funktion und Wesen der Farbe sind sehr sorgfältig von Faber Birren in zahlreichen Schriften untersucht worden, von denen wir hier zwei erwähnen: *Color Psychology and Color Therapy* (New Hyde Park: University Books, 1961); und *Color; a Survey in Words and Pictures* (New Hyde Park: University Books, 1963).

Die mehr subjektiven Wesensmerkmale des Sehens, die in Verbindung zu Theorie und Wesen des Mandala stehen, werden untersucht und beschrieben in: Annie Besant und C.W. Leadbeater: *Gedankenformen* (Freiburg i.Br.: H. Bauer, 1965); und Edwin Babbit, *Principles of Light and Colour* (New Hyde Park: University Books, 1967). Die berühmte Verkündigung Christi über die Innere Schau steht im Matthäus-Evangelium, Kap. IV, Vers 22. Für weitere Informationen über das Wesen der inneren Schau nach einigen esoterischen Überlieferungen empfehlen wir Lu K'uan Yu, *Taoist Yoga; Alchemy and Immortality* (New York: Samuel Weiser, 1970); Sir John Woodroffe, *Die Schlangenkraft* (Weilheim/Obb.: O.W. Barth, 2. Aufl., 1971) und José Argüelles, *Charles Henry and the Formation of a Psychophysical Aesthetic* (Chicago: University of Chicago Press, 1972).

Die Abbildung auf Seite 30 ist entnommen aus *A Christian Rosenkreutz Anthology* zusammengestellt und herausgegeben von Paul M. Allen (Rudolf Steiner Publications, Blauvelt, New York, 1968).

Im Einklang mit der heiligen und
magischen Kunst: Das bin ich

III

Das Mandala als Kunstform

Jedes Wesen,
das in das unbeschreibliche Heiligtum seiner eigenen Natur eintritt,
findet dort ein Symbol für den
Vater aller Dinge...

Proclus

Das Mandala ist durch die gesamte Menschheitsgeschichte hindurch als universelles und wesentliches Symbol für Integration, Harmonie und Umwandlung erschienen. Es vermag der ursprünglichsten Erkenntnis vom Wesen der Realität Gestalt zu verleihen, einer inneren Ahnung, die in jedem von uns wohnt und uns Leben schenkt.

Der Kreis ist das ursprüngliche Zeichen, das Ur-Symbol für Nichts und All; das Symbol für den Himmel und das Antlitz der Sonne, die all-umfassende Form, hinter der und durch die hindurch der Mensch sich selbst findet und verliert. Dies ist das ursprunglose Mandala. Es gibt keine Kultur, die es nicht hätte, denn es umschließt das All, Anfang und Ende. Es bildet den Mittelpunkt der Kreuzblumen-Sonne aus Hawaii, von dem die acht Sonnengottheiten ausströmen. Diese Sonnen-Blume wurde mit dem Schöpfungsprinzip, *Tane,* in Verbindung gebracht, "der Herr, der rötlich-goldene Sonnenstrahlen aussandte". Aus dieser Beschreibung wird der Name des Schöpfers abgeleitet: *Tane vom herrlichen Licht-Kreuz!* Obwohl es sich um einen feurigen Schöpfungsursprung handelt, wird das Zentrum der Gottheit, die Sonnen-Blume, als Quelle beschrieben, woraus das Wasser des Lebens fließt.

Das Mandala ist Symbol für den Kreislauf von Leben und Tod, für das kosmische Weiterschreiten von Lebewesen, Planeten und Gestirnen, für die irdischen Jahreszeiten und die Zyklen im Milchstraßensystem. Aus diesem Geiste heraus erbauten die Druiden des alten Englands, vor der Ankunft der Römer, das Monument Stonehenge.

Sonnenaufgang in Stonehenge

Dieses Massiv besteht im wesentlichen aus zwei Kreisen: dem inneren oder Sarsen (Sandstein)-Kreis, der ursprünglich dreißig aufrechtstehende Steine umfaßte; und dem äußeren oder Kreis der Trilithine (griech."drei Steine") mit sechsundfünfzig Steinen. Beide Kreise haben Durchgänge zwischen jedem einzelnen Stein. Vom Mittelpunkt des Gesamtkomplexes aus betrachtet werden durch diese Durchgänge bestimmte Winkel geschaffen, durch welche hindurch der Lauf der Gestirne und Himmelskörper gesehen, verfolgt, gemessen und verehrt werden kann. Wie kürzlich festgestellt wurde, ist Stonehenge nicht nur ein kolossaler megalithischer Bau, der an eine uralte Auffassung von Sonnen- und Lebenskräften erinnert noch einfach ein Tempel zur Aufführung bestimmter Rituale. Wäre Stonehenge nur die Synthese dieser religiös-ästhetischen Funktionen, so wäre es schon prachtvoll genug. Aber es war darüberhinaus das grundlegende Merkmal und Wahrzeichen jenes Wissens, das die Druiden in einem System zusammengefaßt hatten, denn es diente als Kalender und astronomischer Wegweiser. Mit den Worten von Gerald Hawkins kann man sich Stonehenge als "neolithischen Computer" vorstellen.

Das Zusammenwirken von Verehrung, Wissen und Schönheit ist ein bedeutsames Kennzeichen des Mandala, das es dazu befähigt, dem dafür Aufnahmebereiten eine Lehre zu vermitteln. Mandalas entsprechen Ouspenskys Vorstellung von "objektiven" Kunstwerken. Solche Kunst bringt ein Wissen um die Gesetze von Schönheit zum Ausdruck. Sie befaßt sich nicht mit dem Persönlichen, sondern dem Überpersönlichen; nicht mit dem Vergänglichen und Willkürlichen, sondern mit dem Ewigen. Der "überpersönliche" Mensch ist als Vermittler tätig zwischen jenen beiden Energien, die seine irdische Existenz einbeschließen und bestimmen und denjenigen jenseits von ihm - ob man sie nun kosmische Strahlen, Seelenkräfte oder göttliche Offenbarung nennen mag. Diese schöpferischen Kräfte ergießen sich *durch den Menschen hindurch* als "Brennstoff", der seine Lebensenergien gestaltet, so wie die Sonnenenergien die Erde mit ihren lebenserhaltenden Fähigkeiten versorgen. Überpersönliche Kunst, wofür das Mandala ein Beispiel ist, ist nicht begrenzt in sich selbst, sie ist durchlässig und vermittelnd, wie eine Linse, die die höheren Energien in einem Brennpunkt sammelt.

Keine zwei Mandalas können jemals gleich sein; denn jeder Ort entwickelt Form und Tradition in Einklang mit den Strukturen der sich enthüllenden Natur auf seine einmalige Art und Weise. Dann und wann wird ein solches Monument wie Stonehenge geschaffen, das auf jeder Ebene den Zyklus immerwiederkehrender Bewegungen zum Ausdruck bringt und die gesamte Erfahrung von Raum und Zeit als untrennbare kulturelle Einheit umschließt.

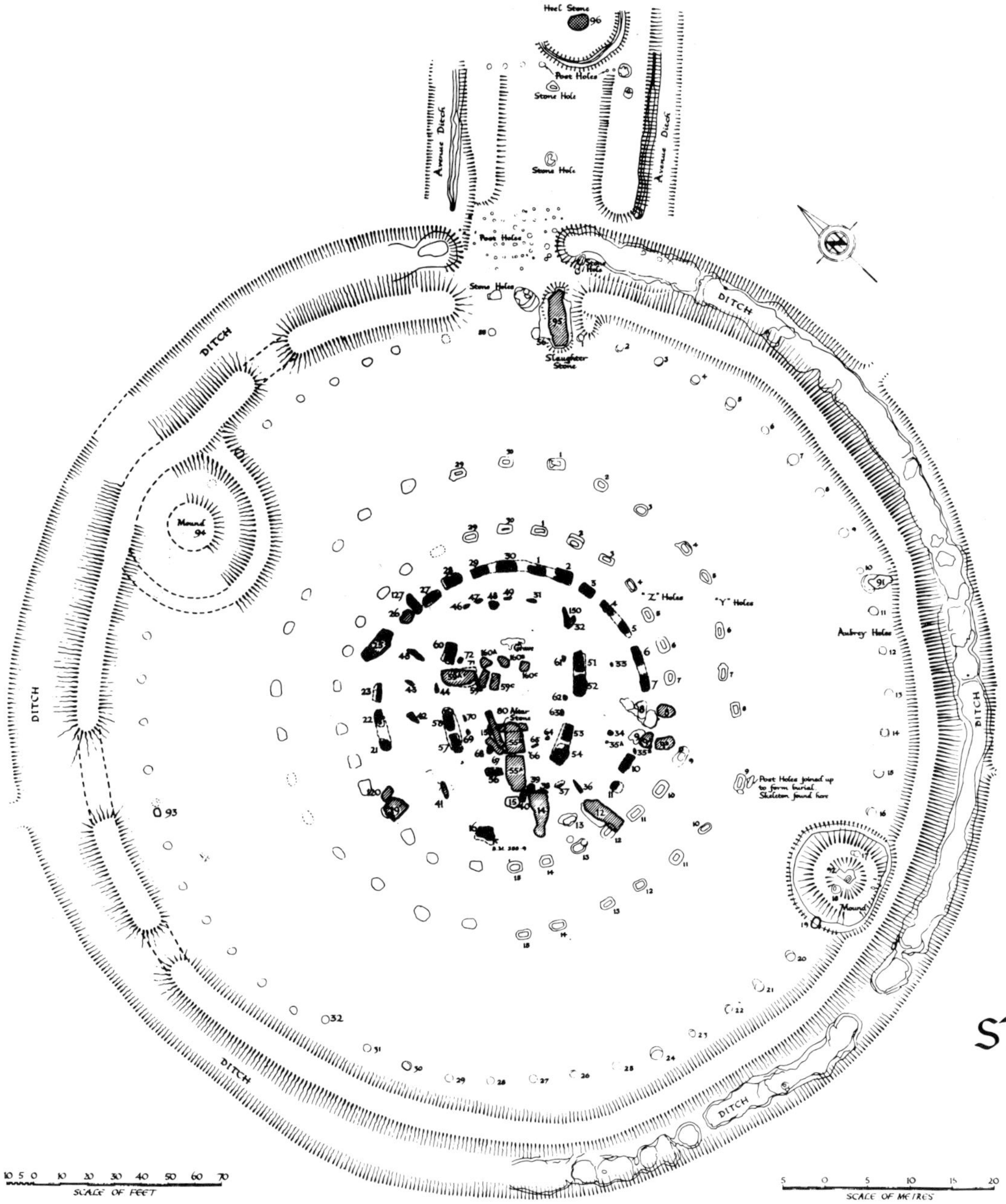

STONEHENGE

Die Kunst dient der Schönheit . . . *Sobald die Kunst anfängt, Lust an jener Schönheit zu finden, die schon* gefunden *wurde, anstatt* nach neuer Schönheit zu suchen, *tritt ein Stillstand ein und die Kunst wird zu einem überflüssigen Ästhetizismus, der die Schau des Menschen wie eine Mauer umgibt. Das Ziel der Kunst ist die Suche nach der Schönheit, so wie das Ziel der Religion die Suche nach Gott und der Wahrheit ist. Und ebenso wie die Kunst aufhört, so hört auch die Religion auf, sobald sie aufhört, Gott und die Wahrheit* zu suchen, *indem sie glaubt, sie gefunden zu haben. Diese Idee ist in dem Gebot ausgedrückt: ". . . Suche das Reich Gottes und Seine Gerechtigkeit . . ." Es heißt nicht finde, sondern lediglich suche!*

P.D. Ouspensky

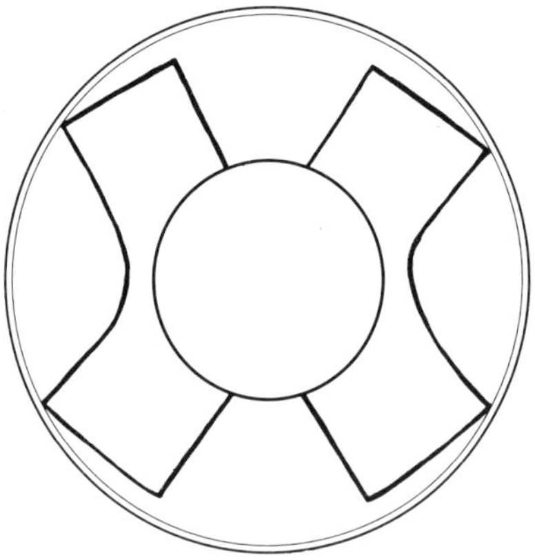

Die Weltentstehungslehre, Kalenderkunde und Metaphysik des alten Mexiko konzentrieren sich in einem kraftvollen Bildwerk: dem berühmten aztekischen Sonnenstein. Der Sonnenstein hat einen Durchmesser von fast 3 1/2 Metern und wiegt nahezu 25 Tonnen. In seinem Mittelpunkt befindet sich das Symbol für das gegenwärtige fünfte Zeitalter - Ollin - , woraufzu die Symbole der vier vorausgegangenen Zeitalter symmetrisch angeordnet sind. Vom zentralen Symbol geht eine Reihe von strahlenförmigen angeordneten Kreisen aus, die zwanzig verschiedene Tageszeichen symbolisch darstellen, die regelmäßig wiederkehren und die konstanten Größen des mexikanischen Kalendersystems sind. Das Band dieser Zeichen wird als nächstes von einem Band mit Himmelssymbolen umschlossen, die Licht, Stärke und Schönheit bedeuten. Der äußere Kreis enthält zwei himmlische Feuerschlangen, die die Begegnung der beiden polaren kosmischen Kräfte symbolisieren: Licht und Finsternis. Ihr Kampf und fortwährendes Aufeinandertreffen bringt im Universum alles zum Entstehen. Auf einer mehr weltlichen Ebene entspricht dies dem ewigen Wechsel von Tag und Nacht.

Nach den Weisen von *Anahuac* (”umgeben von Wasser“ - dem Ausdruck der Nahuatl für Mexiko) wurde in jedem Zeitalter ein vollkommen neues Menschengeschlecht erschaffen, entwickelt und dann wieder zerstört. Die Torheit der Menschen brachte eine Sintflut hervor, symbolisiert durch jeweils eines der vier Elemente - Erde, Luft, Feuer und Wasser -, die das jeweilige Ende des Zeitalters herbeiführte. Die Azteken, die letzte Kulturform der Geschlechter von *Anahuac,* hielten ihre Epoche für das fünfte Zeitalter. Sie glaubten, daß dieses Zeitalter in naher Zukunft durch eine weitere große Erdkatastrophe zum Ende gebracht werde, was sie mit dem Zeichen *Ollin* symbolisieren, das Erdbeben, Veränderung, Bewegung bedeutet: *die Zeit des großen Übergangs.* Nach diesem Geschehnis würde voraussichtlich ein vollkommen neuer Zyklus von Zeitaltern einsetzen.

Die Theorie von den Weltzeitaltern ist ein Mandala, das die gesamte menschliche Kultur gemeinsam hat. Der Verlauf bei den mittelmeerischen Kulturen vom Goldenen über das Silberne und Bronzene zum gegenwärtig herrschenden Eisernen Zeitalter ist ähnlich den Yugas der Hindus: Satya, Dwarpara, Treta und Kali. Das erste Zeitalter innerhalb eines jeden Zyklus wird als das längste und am meisten tugendhafte angesehen; jedes nachfolgende Zeitalter sinkt zunehmend herab und nimmt an Dauer ab. Am Ende des gesamten Zyklus der Zeitalter tritt ein Zeitraum von großer Zerstörung und Umwandlung ein. Diese Überlegungen deuten den kosmischen Umfang und die Tiefe an, wozu sich die Mandalaform von Natur aus eignet. Von welchem Punkt auch ein Mandala betreten wird, immer eröffnet sich ein Weg, der zum ewigen Zentrum führt.

Die Fähigkeit, die Quelle des alten Wissens zu erkennen,
wird der rote Faden genannt, der den Weg entlangführt.

Lao Tse

Der australische Tjuringa-Stein, der Jugendlichen zur Zeit der großen Pubertätsriten enthüllt wird, dient hauptsächlich als Tafel, die den Ursprung aller Dinge wieder ins Gedächnis rufen soll und den Namen "Reisekarte der Vorfahren aus der Traumzeit" trägt. Die Traum-Zeit ist die Ewigkeit, die Vorfahren sind jene Wesen oder Wesenszustände, wodurch alles, was wir sehen, wissen und erfahren, möglich wird. Wie die Karte anzeigt, bedeutet das Zurückfinden zur Traum-Zeit die Rückkehr zur ewigen Mitte. Von diesem Mittelpunkt aus weben die Vorfahren in jedem Menschen ihr Netz und spinnen ihre Geschichten. Der Stein wird tatsächlich zum Geschichtenerzählen benutzt; der Erzähler zeichnet die Linien mit seinem Finger vom Mittelpunkt nach außen nach. Es verhält sich dabei wie mit einem Schallplattenspieler: der Finger des Mannes ist die Nadel, seine Stimme das Lautsprechersystem. Viele Muster an Tjuringa-Steinen entwickeln sich daher in Spiralform.

Mit seinen acht Kardinalpunkten und einem neunten, dem Mittelpunkt, erinnert der hier abgebildete Tjuringa-Stein an die acht Blütenblätter der Sonnen-Blume Hawaiis oder an das achtfache Rad des Gesetzes, das *Dharmachakra* der Buddhisten. Bei diesem Tjuringa-Stein sind die acht Kardinalpunkte jedoch nicht durch einen Kreis, sondern vielmehr durch ein Kreuz verbunden.

Das Kreuz führt eine weitere Abwandlung der Mandala-Form ein, das Viereck. Nach Jung symbolisiert der Kreis im wesentlichen die Naturvorgänge oder den Kosmos als Ganzheit, während das Viereck auf das Universum hinweist, wie es der Mensch erfaßt und entwirft. Der Kreis versinnbildlicht die unbewußten und die überbewußten Aspekte der Natur, während das Viereck mit den bewußt-rationalen Aspekten verbunden ist. In ihrer Verschmelzung verkörpern diese beiden eine ganzheitliche Weltschau.

Aus dem Mittelpunkt des Ur-Mandala heraus entstanden, bestimmt das Kreuz die vier Kardinalpunkte des Kompaß. Werden sie miteinander verbunden, dann bilden sie den Umriß eines Vierecks oder Rhombus.

Dies ist die Grundgestalt des Göttlichen Auges im gegenwärtigen Peyote-Kult Mexikos. Die Augen werden gebildet, indem zwei Stöcke im rechten Winkel zueinander gelegt werden, so daß ein Kreuz entsteht. Es werden dann verschiedenfarbige Fäden um die Stöckchen gewunden, wobei beim Mittelpunkt begonnen und zu den Enden oder Kardinalpunkten hin gearbeitet wird, um eine Rhomben-Form um das Kreuzgerüst herum zu gestalten. Dieses einfache Grundmuster liefert ein schönes und belehrendes Beispiel über das Wesen des Mandala als künstlerischer Vorgang.

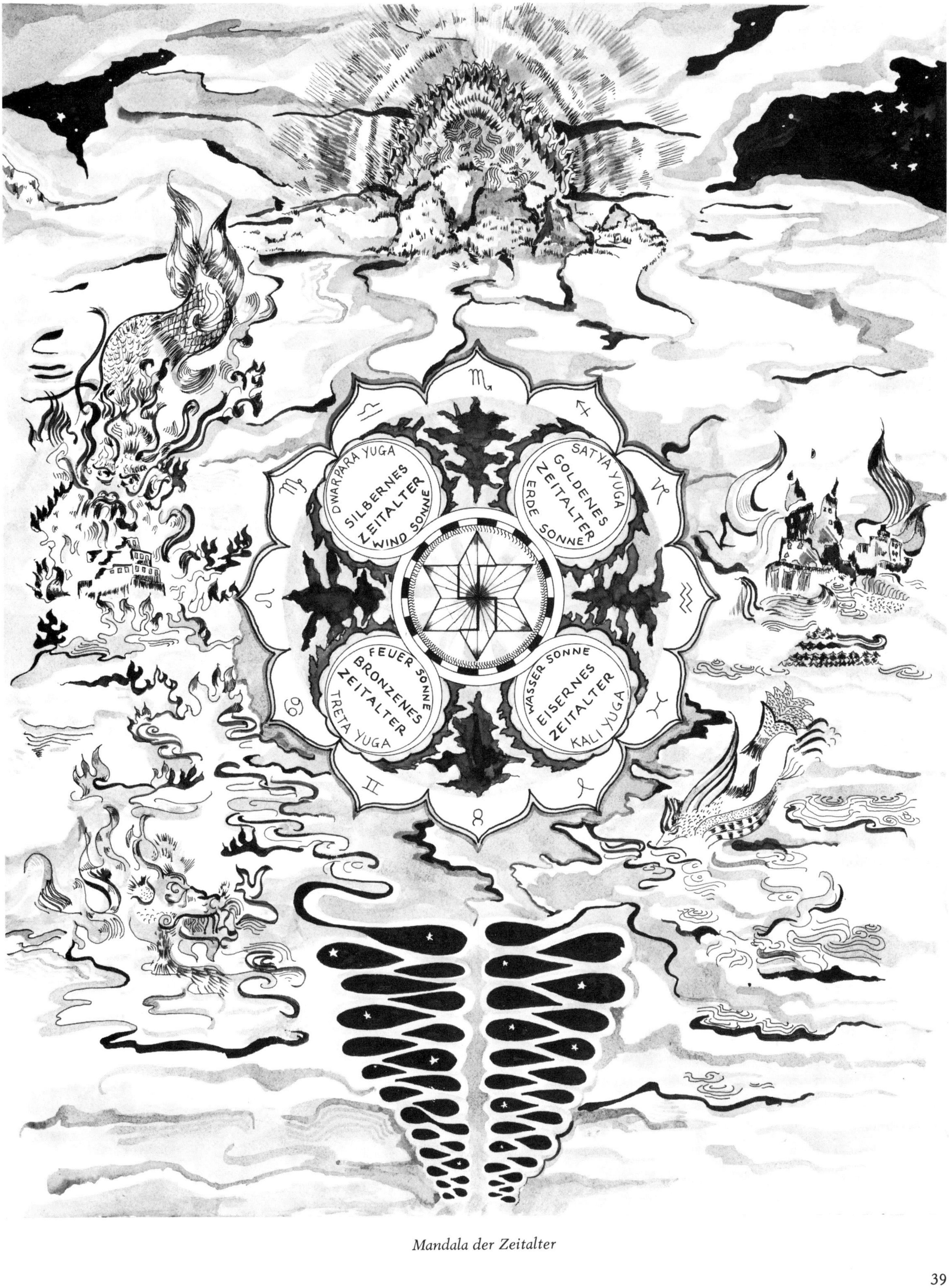

Mandala der Zeitalter

Das Kreuz als universelles Symbol erscheint in nahezu allen Kulturen und gibt damit Zeugnis von der inneren Einheit des menschlichen Geistes und seiner schöpferischen Ausdrucksformen. Das Swastika-Zeichen (Hakenkreuz), eine Variante des Kreuzes, ist gleichermaßen weitverbreitet und der Neuen wie der Alten Welt gemeinsam. Es wird oftmals mit der Idee von Bewegung oder Wandel in Verbindung gebracht und bedeutet den Weg der Sonne, der die vier Kardinalpunkte - Norden, Süden, Osten und Westen - in Gang bringt und die Jahreszeiten entstehen läßt. In der Swastika und im Kreuz, mit welchen Besonderheiten sie auch verbunden sein mögen, liegt die Schlüsselbedeutung in der Beziehung der vier Punkte zum Zentrum und durch es hindurch jeweils zueinander. Daraus ergibt sich die symbolische Bedeutung des Kreuzwegs: jener Ort, in dem sich alle Dinge treffen und von dem aus alle Dinge möglich sind.

Der Mittelpunkt der Swastika ist das Symbol des Großen Geistes, von dem alle Dinge ausströmen.

David Villaseñor

Als Grundsymbol der christlichen Religion schöpft das Kreuz vieles von seiner Bedeutsamkeit aus der Vorstellung der Kreuzwege. Christus, als die mystische Verkörperung des spirituellen Potentials, das jedem Menschen innewohnt, erhält Seine Bedeutung durch das Kreuz. Wenn Er erklärt, "Derjenige, der mir nachfolgen will, muß sein eigenes Kreuz auf sich nehmen . . .", so spielt er auf die Bedeutung der Kreuzwege an, indem er die Menschen dazu auffordert, in den Mittelpunkt ihrer eigenen Existenz einzutreten, um eine neue Richtung einschlagen zu können. Eine verbreitete Darstellung Christi zeigt ihn im *Mittelpunkt* eines Heiligenscheines oder leuchtenden Aura-Feldes, wobei seine majestätischen persönlichen Ausstrahlungen vom Körper nach außen schwingen: "Christus in Seiner Herrlichkeit". Um Christus herum sind die Verkörperungen oder Symbole für die vier Apostel angeordnet: Matthäus, Markus, Lukas und Johannes, die nacheinander symbolisch dargestellt werden als Engel (oder Mensch), Löwe, Ochse und Adler. Diese Figuren werden gewöhnlich in einem Winkel von 45° zu Christus placiert. In bestimmten Überlieferungen werden diese vier Standorte als die Tore des Avatars oder die Göttlichen Offenbarungen bezeichnet, das heißt, die Wege, die zu dem zentralen Symbol des Avatars, in diesem Falle Christus, führen.

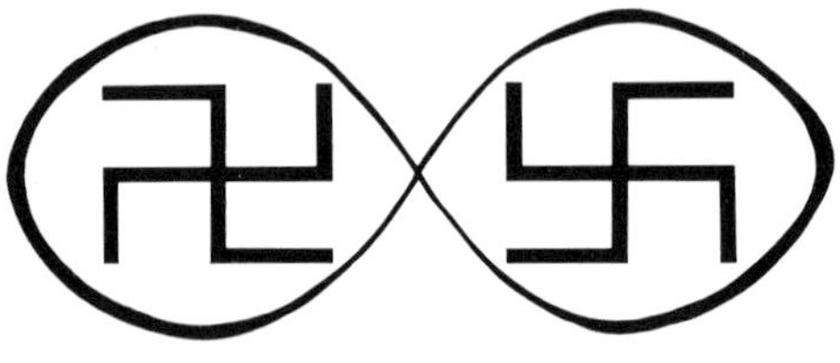

Das vielleicht charakteristischste christliche Symbol, das die Mandala-Form des Kreuzes verwendet, ist der gekreuzigte Christus. Hier wird das Element des Opfers mit dem Mittelpunktsprinzip in Verbindung gebracht. Christus, eines der tiefgründigsten Symbole der Hingabe, drückt die Rückkehr zum Mittelpunkt und das Abstreifen, das Aufgeben von persönlichem Vorteil, von Ehrgeiz und Ego aus. In dem Akt von Hingabe und Opfer wird die Verhaftung an weltliche Ziele, im Falle Christi den Körper eingeschlossen, aufgegeben. Das Kreuz symbolisiert auch den *Lebensbaum:* nur wenn er für sich selbst stirbt, wenn er sich den unumgänglichen Kräften von Verfall und Zerstörung unterwirft und zum Mittelpunkt zurückkehrt, kann der Baum über sich selbst hinauswachsen, selbst wenn dieses "über sich hinaus" nichts als ein Samenkorn ist, das noch einmal auf die Erde fällt. Das Kreuz wird zum Verkünder dieses Samens.

Labyrinth in der Kathedrale von Chartres

Alles Sichtbare muß sich steigern und fortsetzen ins Unsichtbare hinein. Dadurch bekommt es die rechte Weihe und rechte Klarheit und wurzelt in den Weltzusammenhängen fest.

"Ding, der Tiegel", I Ging

Auf einer Skulptur aus der alten Maya-Stadt Palenque steht das Kreuz als Symbol für den Lebensbaum, der aus einer Gestalt herauswächst, die sich selbst geopfert hat. Im Opfergang geht nichts verloren, es wird vielmehr etwas umgestaltet oder transformiert zu einer Erscheinung jenseits der ursprünglichen Gestalt, so wie Materie in Energie verwandelt wird: in jedem Fall vollzieht sich der Übergang durch die geheimnisvolle Mitte der Dinge.

Die mittelalterlichen christlichen Symbole oder das Kreuz von Palenque sollen nicht als einzelne Kunstwerke betrachtet werden, sondern müssen aus dem Zusammenhang größerer religiöser Gefüge heraus verstanden werden, die sie auszudrücken und mit Schönheit auszuschmücken vermögen. In einem gewissen Sinne haben alle heiligen religiösen Formen am Mandala-Prinzip teil: die ägyptischen und mexikanischen Pyramiden; die indischen Tempel; buddhistische Stupas; islamische Moscheen; die Pagoden Chinas und Japans; und die Tipis und Kivas Nordamerikas. Das am höchsten entwickelte kreuzförmige Mandala ist in den Kirchen und Kathedralen der christlichen Welt zu finden. Im mittelalterlichen Europa nahmen der reine Grundriß und sogar die Umgebung der christlichen Kirchen eine Mandala-Kreuzform an. Die griechischen und byzantinischen Kirchen entwickelten eine vollendete Kreuzform mit einem gewölbten Mittelpunkt.

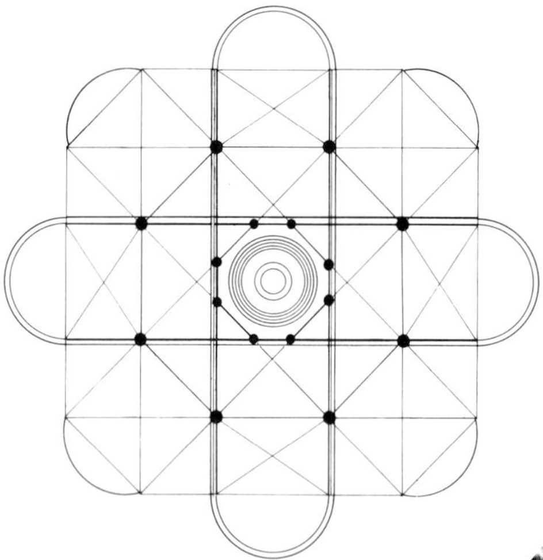

Die Kirchen der Romanik und Gotik im Westen verwandten die Form eines verlängerten oder Lateinischen Kreuzes, wie es später genannt wurde. Der wichtigste Ort ist der Altar im Mittelpunkt des Kreuzes: alles ist auf diesen

Fensterrose aus der Kathedrale von Chartres

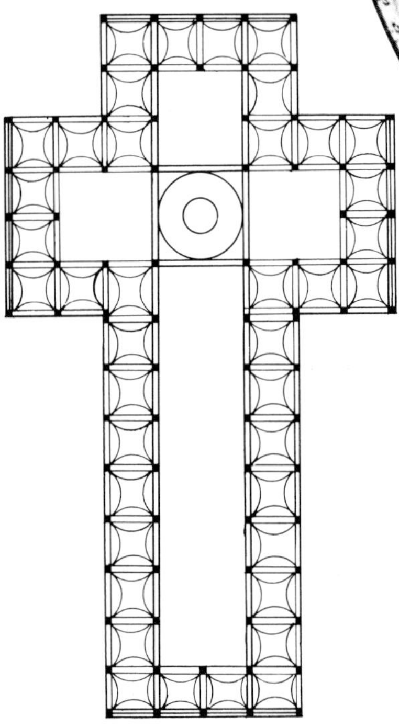

Punkt hin ausgerichtet. Die größeren Kirchen wurden genau nach Osten hin orientiert, dem Ort von Sonnenaufgang und Auferstehung. Diese Kathedralen waren, wie die Hindutempel der gleichen Zeitepoche, die Speicherkammern der Lehren der betreffenden Kulturformen: außen und innen in Stein gehauen; bemalt, wo Farbe angenommen wurde; und, bei den gotischen Kathedralen, durch bunte Fenster in strahlendes Licht getaucht. Diese "Fensterrosen" stellen einige der schönsten zusammenhängenden kreisförmigen Mandalas dar, die der Mensch jemals geschaffen hat.

Die gotischen Kathedralen des dreizehnten Jahrhunderts markieren die letzte große Entwicklungsstufe eines Versuchs, eine umfassende, zutiefst mittelpunktbezogene kulturelle Ganzheit im europäischen Westen zu schaffen. Diese Tempelanlagen sind Teil vom Höhepunkt einer planetarischen

Stein von Palenque

Woge der menschlichen Zivilisation. Ungeachtet der geographischen Isolierung treten eine einheitliche menschliche Absicht, Ausführung und Sinngebung bei der Errichtung von Kathedralen, Moscheen und Tempeln vom zehnten bis fünfzehnten Jahrhundert durchgängig in Erscheinung: Kajuraho in Indien; Borobadur auf Java; Ankor Wat in Indochina; Chartres in Frankreich; Córdoba im islamischen Spanien; und Chichen Itza auf Yucatan. Das Weltbild, das diese Bauwerke gemeinsam haben, besteht darin, daß jeder Mensch eine kosmische Einheit darstellt und daß die Gesellschaft, in der er lebt, eine Widerspiegelung der Landkarte des Kosmos ist.

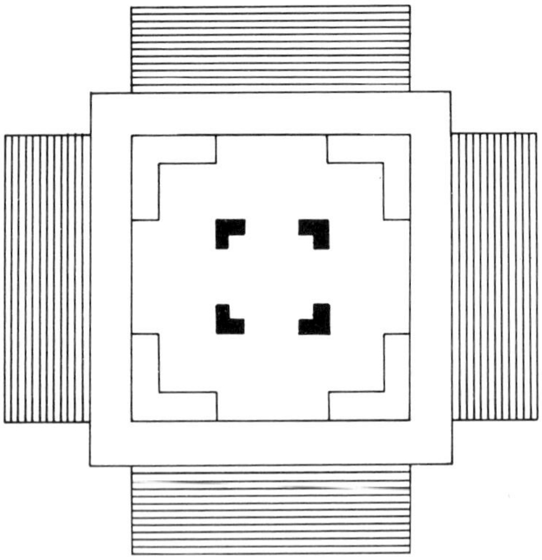

Ob man es nun heilige oder objektive Kunst nennen will, das Mandala ist eine magische Form. Wenn wir von Magie sprechen, verweisen wir auf einen fundamentalen Vorgang - eine gewollte, bewußte Handlung. Kunst als Magie dient ihrer höchsten Aufgabe dann, wenn sie ein kollektives Ganzes in einen neuen Bereich des Bewußtseins führen kann. Im zwölften Jahrhundert sprach der Abt Suger von Saint-Denis von der "anagogischen" Funktion der farbigen Glasfenster, die er in den vorangegangenen nüchternen Kirchenbau eingeführt hatte. Mit anagogisch meinte Suger dasjenige Element, das die Sinne mittels der Kontemplation zu einem Zustand jenseits der Sinne führen kann. Wenn die schöpferischen Handlungen und Kunstformen des Menschen dazu fähig sind, genau dies zu erreichen, haben wir es nicht länger mit Kunst, sondern mit Magie zu tun. Und diese Magie ist umso größer und machtvoller, die eine vollständige Gemeinschaft einbezieht und deren gemeinsame Schöpfung ist. So verhält es sich mit den gotischen Kathedralen, den kunstvollsten Teppichen aus Afghanistan und den rituellen Bräuchen jener Völker, die sich mit den schöpferischen Kräften der Natur in Einklang befinden. Wenn diese Verbindung zerbrochen oder verborgen ist, haben wir es mit einer anderen Form des Magischen zu tun, mit der Magie der Zauberer der Finsternis.

Die Magie des Mandala rührt her von seiner Übereinstimmung mit den schöpferischen Kräften, wie sie sich im Gefüge des täglichen Lebens ausdrücken und verkörpern: durch das Mandala lebt der Mensch als kosmischer Weltenbürger.

Im westlichen Europa starb die Kunst als Form kollektiv-teilhabender Magie mit dem sechzehnten Jahrhundert aus. Danach überlebt die magische Kunst im Westen nur als Anhängsel der Alchemie und den zunehmend in den Untergrund verschwindenden "okkulten" Wissenschaften. Mit dem Aufstieg des wissenschaftlichen Rationalismus im siebzehnten Jahrhundert verschwindet das Mandala-Prinzip von der Bildfläche der bewußten kollektiven Betätigungen des Westens. Von dieser Zeit an nehmen die künstlerischen und ästhetischen Grundlagen und Methoden im Westen eine zunehmend wissenschaftliche, rationale Einstellung an. Vom Standpunkt des Mandala aus betrachtet verhält sich dieser Ansatzpunkt diametral entgegengesetzt zur Gesundheit des Organismus als Ganzheit; solch ein strenger Rationalismus schließt mehr und mehr die Möglichkeit zur Ergänzung mit nicht-rationalen Fähigkeiten aus. Magische Kunst ist genau festgelegt durch die umfassende Teilnahme von verschiedenen Bewußtseinsgraden oder -stufen.

Der Verlauf der Geschichte ist in sich selbst ein Mandala, worin das sich entfaltende Drama zwischen den Kräften des Lichts und der Finsternis in den zyklischen Veränderungen der menschlichen Rassen die Bildfläche vorfindet, worauf die Energie der kosmischen Auseinandersetzungen projiziert werden kann. Im Westen ist der Aufstieg rationaler und scheinbar anti-magischer Kunst und eines entsprechenden Bewußtseinszustandes in sich selber magisch. Es ist so, als wäre das Spiegelbild der Einheit, das die Erbauer der Kathedralen dem europäischen Menschen gezeigt hatten, zerbrochen worden. Aber was der europäische Mensch mit dem Zerbrechen dieses Spiegels verursacht hatte, waren unvermeidliche planetarische Folgen; denn mit der Zerstörung des Spiegelbildes einer ganzheitlichen Vision wurden dämonische Kräfte freigesetzt - Kräfte, die nicht eher zufrieden sein würden, bis auch das letzte ganzheitliche Spiegelbild auf der Welt zerbrochen wäre oder zumindest verborgen durch den Dunst grimmiger oder habsüchtiger Mächte.

Es ist schwierig, objektiv abzuschätzen, was sich als Ergebnis der europäischen Expansion ereignet hat, die den Anfang unseres gegenwärtigen Zeitalters markiert; es bildet sich jedoch ganz allmählich eine weltumfassende Perspektive. Die bewußten Aktivitäten des Menschen müssen im Licht eines größeren ökologischen Musters und in Verbindung mit der Biosphäre, der Atmosphäre und anderen Ebenen oder Schichten gesehen werden, die den sich entfaltenden Mutterboden des Planeten Erde formen. Der Mensch gestaltet und wird gestaltet durch Kräfte des Planeten.

MOTTO

Aus einem Mann und einer Frau mache einen Kreis,
daraus ein Viereck, daraus ein Dreieck.
Mache einen Kreis, und du wirst den Stein der Weisen haben.

EPIGRAMM

Aus einem Mann und einer Frau mache einen Kreis,
woraus ein viereckiger Körper mit gleichen Seiten entsteht,
leite davon ein Dreieck ab, das an allen Seiten
eine runde Kugel berührt:
dann wird der Stein in Erscheinung treten müssen.
Wenn dir diese große Sache nicht sofort klar im Geiste erscheint,
dann wisse, daß du alles verstehen wirst,
wenn du die Theorie der Geometrie verstehst.

Es ist kein Zufall, daß die erste größere Woge der weltweiten Expansion Europas 1519 begann, als Cortez, unter dem Kreuzesbanner, an den östlichen Küsten Mexikos landete. Seine Landung fällt genau mit dem Tag aus den alten mexikanischen Prophezeiungen zusammen, die erklärten, daß 1519 der Zeitpunkt gekommen sei, wo die Kräfte des Lichts-Quetzalcoatl, die gefiederte Schlange - verdrängt würden von den Kräften der Finsternis - Tezcatlipoca, was bezeichnenderweise genug "rauchender Spiegel" bedeutet. Von diesem Datum an würde ein Zeitraum von neun zweiundfünfzig Jahre lang währenden Höllenzeiten folgen, der bis 1987 andauern würde. Die Vernichtung des mexikanischen Volkes und seiner Kultur, die wie gewisse Merkmale ihrer Zivilisation degeneriert waren, kann als Musterbeispiel für das Zusammentreffen zwischen dem modernen Europäer und den restlichen Völkern und Kulturen der Welt angesehen werden.

Vajrapani.

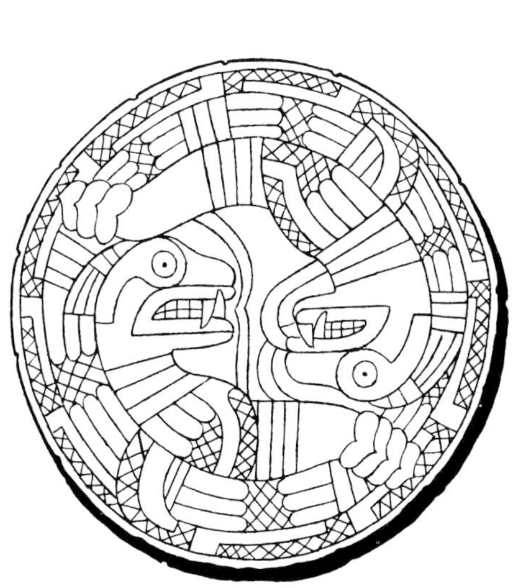

Allmählich unterlagen die ganzheitlichen Überlieferungen der verschiedenen Völker der Erde dem Angriff des rauchenden Spiegels. In Indien und großen Teilen Asiens erledigte ein Prozeß von Infiltration und Sabotage die Aufgabe; in Afrika völlige Versklavung; in Amerika Völkermord und Krankheit - und überall die Doppel-Nemesis von ökonomischer und psychologischer Ausbeutung. Die lebendigen Traditionen sind in Museumsstücke verwandelt worden, und in gewisser Hinsicht ist die Welt zum riesigen Friedhof geworden, wo Shiva, der Gott der Zerstörung und Umwandlung, seinen mächtigen Tanz aufführt. Dieser ganze Vorgang findet eine parallele Metapher in der Tradition der Sandmandalas des amerikanischen Südwestens: wenn das Mandala, das einer bestimmten Absicht und Gelegenheit dient, vervollständigt ist, so wird es ausgelöscht und zerstört, aber nur, damit wieder ein neues geschaffen werden kann.

Das letzte der ganzheitlichen Spiegelbilder zerbrach, als Tibet im Jahre 1959 an die erobernden Truppen eines neuen, rationalistischen China fiel. Bezeichnenderweise waren die Tibeter das letzte kulturelle Bollwerk, wo die Kunst des Mandala auf einer Ebene von Kraft, Komplexität und Schönheit ausgeübt wurde, die vermutlich in keiner anderen Kultur des Erdballs so rasch eine Parallele finden kann. Das Mandala ist nun frei dafür, irgendwo auf dem Planeten wiederzuerstehen - um damit einen neuen Entwicklungszyklus zu beginnen. Auch dies ist wiederum Teil der Magie, die Vollendung und das Heranwachsen zu einer höheren Bewußtseinsebene ein abgeschlossenes Stadium menschlicher Entwicklung: Geschichte als mandalaartiger Ablauf.

Wenn die Kunst als Magie aus der Geschichte abgelesen werden kann, so handelt es sich bei der Entwicklung, die wir beschrieben haben, um die Zerstörung eines Mandala, die Auflösung einer Entwicklungsstufe des Bewußtseins wieder zum Mittelpunkt zurück. Die räumlich verstreut aufgetretenen Ausdrucksformen der heiligen Kunst des Erdkreises sind mehr oder weniger zerstört worden, nur, um wieder von neuem auf einer breiteren, umfassenderen Ebene erschaffen zu werden. Der Vorgang ist in den Visionen des Heiligen Mannes der Sioux-Indianer, Schwarzer Hirsch, als Zerbrechen des Reifens seines Volkes lebendig beschrieben worden. Symbolisch bedeutet dies das Zerbrechen des Reifens des Mandala aller menschlichen Rassen in der gegenwär-

Der gute Maler ist weise
Gott befindet sich in seinem Herzen
Er legt die Göttlichkeit in die Dinge hinein
Er verwandelt sie mit seinem Herzen.

tigen Zeit. In der Vison von Schwarzer Hirsch wird das Band seines Volkes nur dann wieder vereint werden, wenn der Baum im Mittelpunkt wieder einmal blühen wird. Dies ist die Vision eines Mandala von weltumfassendem Bewußtsein. Das Zeitalter der Auflösung ist die Zeit des Profanen, des Zerbrechens des Bandes zwischen den Völkern, der Zerstörung der Überlieferungen, durch die der Mensch in jedem Augenblick und durch jede Handlung seine untrennbare Verbundenheit und gegenseitige Abhängigkeit von jedem anderen Lebewesen und Ding auf der Erde und im Universum wahrnehmen kann. Bei einem "heiligen“ Volk strahlt alles das einfache und dennoch dynamisch ordnende Schöpfungsprinzip wider.

In einer verweltlichten Kulturepoche wie der gegenwärtigen tritt das ursprüngliche, schöpferische Prinzip heiliger Kunst nur durch Zufall auf oder im unbewußten Vorgang des Träumens oder dem, was wir Wahnsinn und Phantasie nennen. Dennoch werden durch die besondere Magie des Mandala-Vorgangs die verschiedenen Bewußtseinselemente, wie unvereinbar sie auch sein mögen, in dem endlichen Hervorbrechen des Chaos dem Zentrum oder der Leere zugeführt, die der Anfangspunkt jeglicher Manifestation des Heiligen ist.

Die ganzheitliche Vision des Mandala tritt von neuem ein durch den Widerstreit und die Tragödie eines Planeten, der fast vollständig in Gegensätze aufgespalten ist. Wir stehen vor der Grenze zu einer neuen Ebene von Ergänzung, von Integration. Alles in der Welt verlangt danach. Und in diesem Prozeß kehren die Grundgedanken von heiliger Kunst wieder einmal auf ihren rechtmäßigen Platz innerhalb der menschlichen Evolution zurück. Das Mandala kann wieder einmal zum Ur-Bild einer umfassenden Symbolik, einer gemeinsamen und organisch-zusammenhängenden Sprache werden, die durchaus nötig sein wird, um die nun gegensätzlichen Überreste dessen, was einst Brüderlichkeit war, wieder zu vereinen.

Bevor eine neue Schöpfung errichtet werden kann, muß die gegenwärtige sich aufgelöst haben. Dies ist die Bedeutung, die der Umwandlung des gegenwärtigen Welt-Mandala zugrundeliegt. Auf den einzelnen Menschen angewandt, muß ein Prozeß von abnehmender Identifikation mit diesen Polaritäten aufgrund der Absicht stattfinden, wieder an jenen Ursprungspunkt zu gelangen, wo der Mensch ausrufen kann: Das bin ich! oder, mit den Worten der alten vedischen Seher: Das bist DU - *Tat Tvam Asi.* Die göttliche Natur der Dinge zu verstehen, bedeutet, im Herzen des Göttlichen verwurzelt zu sein. Dies ist das Vorrecht des Menschen. Die alten Mexikaner beschrieben den Künstler/Seher als *Yolteotl, einer, dessen Herz im Göttlichen wurzelt.*

Anmerkungen

Bücher heilige oder objektive Kunst betreffend: Titus Burchhardt, *Vom Wesen heiliger Kunst in den Weltreligionen* (Zürich: Origo, 1955); P.D. Ouspensky, *Auf der Suche nach dem Wunderbaren* (Weilheim/Obb.: O.W. Barth, 1966), besonders Kap. 14, S. 409-438; und vom gleichen Verfasser, *Tertium Organum; Der Dritte Kanon des Denkens - ein Schlüssel zu den Rätseln der Welt* (München: O.W. Barth, 1971), Kap. 18, S. 204/05 ; Erwin Panofsky, "Abbot Suger of St. Denis" *Meaning in the Visual Arts* (New York: Doubleday, 1957), S. 108-145; T.C. Stewart, *The City as an Image of Man* (London: Latimer Press, 1970).

Texte, die sich mit spezielleren Gebieten befassen, sind enthalten in: Leinani Melville, *Children of the Rainbow; the Religion, Legends, and Gods of the Pre-Christian Hawaii* (Wheaton, Ill.: The Theosophical Publishing Co., 1969); Gerald Hawkins, *Stonehenge Decoded* (New York: Doubleday, 1965); Tony Shearer, *Lord of the Dawn* (Healdsburg, Ca.: Naturegraph Publishers, 1971) und vom gleichen Verfasser, *The Sacred Calendar* (Denver: Western News, 1967); Miguel Leon-Portilla, *Aztec Thought and Culture* (Norman: University of Oklahoma, Press, 1963); A.P. Elkin, *The Australian Aborigine* (New York: Doubleday, 1964), besonders Kap. IX, "Art and Ritual", S. 232-255; Antoinette K. Gordon, *Tibetan Religious Art* (New York: Paragon Books, 1963); das bereits erwähnte *Mandalas im Sand* von David Villaseñor; Heinrich Zimmer, *Indische Mythen und Symbole* (Düsseldorf, Köln: Diederichs, Neuausgabe 1972)); Giuseppe Tucci, *Tibetan Painted Scrolls* (Rome: Instituto Poligrafica Dello Stato, 1947); Michael Maier, *Atalanta Fugiens,* übersetzt und herausgegeben von H.M. De Jong (Leiden: E.J. Brill, 1969).

Photographie und Plan von Stonehenge unterstehen dem Copyright der Britischen Krone - reproduziert mit der Genehmigung des Leiters des HBM Stationery Office. Die Photographie des aztekischen Steinkalenders mit Erlaubnis des Instituto Nacional de Anthropologia e Historia, Mexico City. Das Photo der Fensterrose aus der Kathedrale in Chartres ist entnommen aus *French Cathedrals,* von Jean Bony (Viking Press, New York, 1961). Der Palenque-Stein ist aus *A Coloring Book of Ancient Mexico and Peru,* von Karen Olsen Bruhns, ausgeführt von Tom Weller (St. Hieronymous Press, Berkeley, 1971). Motto und Epigramm bei der Illustration auf Seite 46 stammen aus Michael Maiers *Atalanta Fugiens,* von H.M.E. De Jong (E.J. Brill. Leiden, 1969). Vajrapani ist entnommen aus *Kalachakra,* zusammengestellt von Tarthang Tulku (Dharma Press, Berkeley, 1971).

Auf daß sich der Schöpfunsplan

in mir entfalte

IV

Das Mandala als Schlüssel zu Symbolsystemen

... derjenige, der ein Symbol versteht, „öffnet sich"
nicht nur der objektiven Welt, sondern es gelingt ihm
gleichzeitig, sich über seine individuelle Situation
zu erheben und ein umfassendes Verständnis
des Universellen zu erlangen ... Mit Hilfe des Symbols
wird die individuelle Erfahrung „erweckt" und
in einen spirituellen Akt umgewandelt.

Mircea Eliade

Über die ihr immanente und fesselnde Schönheit hinaus ist heilige Kunst die formale Erscheinungsform eines Symbolsystems. Symbole beinhalten verschiedene Bewußtseinsebenen und knüpfen zu weit mehr Verbindungen als nur zu dem, was sie oberflächlich darzustellen scheinen. Sie sind durch Verdichtung und Konzentration von Energien entstanden und können, durch eine Umkehr dieses Vorgangs, diese Energien wieder freilassen. Eine zusammenhängende Folge von Symbolen fügt sich zu einem Symbolsystem zusammen. Diese Systeme sind oftmals in der Form eines Mandala aufgebaut, denn sie unternehmen den Versuch, die Naturabläufe als eine Folge von Wechselbeziehungen zu bestimmen, die zu einem formbaren Ganzen vereint werden können.

Da es der menschliche Verstand ist, der die Einzelteile eines gegebenen Systems wahrnimmt und miteinander verbindet, kann ein solches System auch als eine Landkarte des Bewußtseins umschrieben werden. Bewußtsein ist die Fähigkeit eines Organismus, sich selbst zu ordnen, zu integrieren und zu verändern. Ein Organismus ist ein harmonisches, vorwärtsschreitendes, in sich abgeschlossenes Muster von Wechselbeziehungen, ob es sich um eine Zelle, ein Individuum, eine Gemeinschaft oder ein Sonnensystem handelt.

Die Anstrengungen des Menschen, einen bedeutungsvollen Lebensstil zu schaffen, der sich in Einklang mit den Naturgesetzen befindet, haben ihn dazu geführt, sich selbst als Mikrokosmos anzusehen. Durch Betrachtung seiner Erscheinungsform und des Wesens seiner Existenz hat der Mensch oftmals eine Entsprechnung oder eine Folge von Entsprechungen mit dem Wirken des Kosmos in seiner Gesamtheit festgestellt - dem Makrokosmos. Diese Wahrnehmung liegt vielen Symbolsystemen zugrunde. Wenn der Mensch sich selbst als Mikrokosmos versteht, dann können auch seine Lebensführung und Gemeinschaft den Charakter einer kosmischen Ordnung annehmen. Dieser Idee immanent ist eine Ahnung von der grundlegenden Harmonie des Universums und von der Sehnsucht des Menschen, sich in Einklang damit zu verwirklichen. Wenn die Natur Harmonie ist und der Mensch ein Teil dieser Natur, so muß er selbst von Natur aus harmonisch sein. Die Gesetze, die über seinen Geist und Körper herrschen, reflektieren das Wirken einer höheren Natur und nehmen an ihr teil.

Symbolsysteme bestehen, um einen organischen Lebensstil zu unterstützen, zu entwickeln, aufrechtzuerhalten und, falls notwendig, wieder zu beleben - *den Weg der sich entfaltenden Natur.* Im Chinesischen wird dies das *Tao* genannt, welches häufig mit "der Weg" ("der Sinn") übersetzt wird. Aber:

Der Sinn, der sich aussprechen läßt,
Ist nicht der ewige Sinn.
Der Name, der sich nennen läßt,
Ist nicht der ewige Name.

Lao Tse

Alles umfassend ist das Tao ein grundlegendes, zueinander in Beziehung setzendes Prinzip. Vom taoistischen Standpunkt aus gibt es eine wesenhafte Einheit zwischen Mensch und den verschiedenen Naturkräften. In der chinesischen Überlieferung sind diese Mächte dreifach: Himmel, Mensch und Erde. Ein begriffliches Zeichen, das die Wechselbeziehung zwischen "Himmel-Mensch-Erde" zum

Ausdruck bringt und die vollständige Einheit dieser Erscheinungsformen nachdrücklich in einem einfachen Mandala herausstellt, ist das folgende:

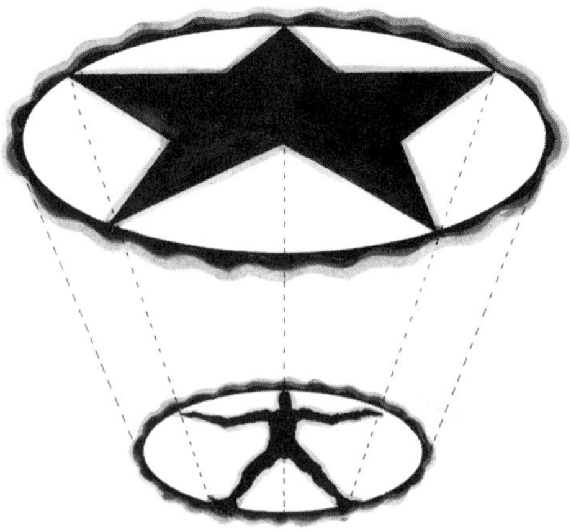

In diesem Symbol ist die Erkenntnis enthalten, daß der Mensch im Mittelpunkt des Mandala der Wechselwirkung zwischen himmlischen und irdischen Kräften steht. Er wird nicht abgesondert gesehen, sondern als Mischung, als Vermittler dieser Energien. Als Werkzeug des Göttlichen ist der Mensch dazu in der Lage, die irdischen Kräfte umzuwandeln. Diese Fähigkeit legt ihm eine Verantwortung auf, die im allgemeinen nicht mehr erkannt wird. Der moderne Mensch, der den Gedanken der ihm innewohnenden Göttlichkeit verleugnet hat, hat sich selbst gegenüber der oberen Linie des Symbols blind gemacht; und, als er sich "alleine" vorfand, hat er sich selbst als Herrn der Erde und aller Schöpfung betrachtet. Aber aus der Unsicherheit heraus, die durch das Verleugnen seiner ihm wesensgemäßen eigenen Göttlichkeit verursacht wurde, hat der Mensch seine Kräfte zur "Eroberung" der Erde mißbraucht. Entsprechend der Bedeutung des Symbols ist dies überflüssig, da er sich *von Natur aus* in einem harmonischen Verhältnis mit dem befindet, was oben ist - Himmel - und was unten ist - Erde. Der Mensch ist die mitschwingende, wirkende Kraft, die die Energien von oben - aus den seelischen Bereichen und aus dem Bewußtsein - in die unteren Energien umsetzt - der Materie, des Sinnenkörpers und der Dinge, die die Sinne betreffen; und umgekehrt. Dies ist auch der psychophysische Gesichtspunkt: psychische Energie wird ständig in physische und physische in psychische Energie umgewandelt. Der Mensch wird zum Treffpunkt und Instrument von aktiven und passiven Energien. Er ist der bewußte Mittelpunkt des Mandala, das Himmel und Erde im Prozeß des Werdens bilden.

Dieses dreifache Symbol von Himmel-Mensch-Erde deutet auf die Grundbestandteile des Symbolsystems des *I Ging* oder *Das Buch der Wandlungen.* Die *pa kua* (oder sogenannten "Trigramme") setzen sich aus drei übereinanderliegenden Linien zusammen. Jede Linie symbolisiert eine der drei Grundkräfte: die obere Linie den Himmel und seine Wechsel von Licht und Dunkel; die untere Linie die Erde in ihren Aspekten des Hervorbringens und Festigens; und die mittlere Linie den Menschen in seinen Fähigkeiten von Liebe und Rechtschaffenheit. Diese drei Linien sind entweder geschlossen _ oder gebrochen _ _ sie versinnbildlichen nacheinander das *Yang* – die himmlischen, positiven, männlichen Kräfte und das *Yin* – die irdischen, negativen, weiblichen Kräfte. Diese beiden Eigenschaften können als die lichten *(Yang)* und die dunklen *(Yin)* Mächte des Universums gesehen werden. Es wäre jedoch falsch, anzunehmen, daß diese Vorstellung einen Dualismus impliziert noch sollte sie als Aufforderung verstanden werden, sich in den Polaritäten zu verfangen. Alles in der Natur ist ein Gemisch aus diesen beiden Kräften. Erforderlich ist ein ganzheitlicher Standpunkt, damit eine Über-Identifikation mit jeweils einem der beiden Punkte vermieden wird. Das Licht enthält schon das Dunkel, das Männliche das Weibliche - es kann keine absolute Trennung geben, denn beide erst schaffen das Ganze. Hierin liegt einiges der Bedeutung hinter dem *t'ai chi*-Symbol. Innerhalb des Ganzen, das sie umfassen, schafft der Wechsel von diesen beiden Kräften die sichtbaren und unsichtbaren Abläufe in der Natur wie im gesamten Universum.

Im *Buch der Wandlungen* wird dieses einfache Prinzip von abwechselnd aufeinanderfolgender bipolarer Wiederkehr - *Wandlung* - in einem einzigartig komplexen Gewebe von Kosmologie, Philosophie, Psychologie und Weissagung ausgebreitet. Diese vielfältigen Vorgänge zu beschreiben ergibt daher ein allumfassendes System; die acht Grundzeichen des Wandels - die *pa kua* - werden verdoppelt und eines über dem anderen angeordnet, um eine sechslinige Form zu erhalten, das *kua* (oder sogenannte "Hexagramm"). Die Kombinationen bei diesem Vorgang lassen die vierundsechzig *kua* entstehen, die die verschiedenen Stufen der Wandlung symbolisieren, die allen Erscheinungsformen zugrundeliegen.

Ungeachtet dieser Komplexität basiert das Wissen um das System der Wandlung auf den *pa kua* - ihr Wachstum aus der ursprünglichen Leere, *wu chi,* und ihre sich entfaltenden Wechselbeziehungen. Von früher Zeit bis heute sind zwei Anordnungen der *pa kua* in Mandala-Form überliefert worden: das Mandala des Früheren Himmels oder die Vorweltliche Reihenfolge; und das Mandala des Späteren Himmels oder die Innerweltliche Ordnung (siehe nächste Seite).

In der Vorweltlichen Reihenfolge sind die acht Symbole für die fundamentale Kraft des Universums in vier Gruppen von Polaritäten angeordnet, die sich gegenseitig durch ein Prinzip umgekehrter Symmetrie widerspiegeln und ergänzen. Da die entgegengesetzten Kräfte beidseitig umgekehrt sind und die Umkehrung ein Grundgesetz der Harmonie ist, ergänzen sich die Kräfte gegenseitig, und da sie durch den unveränderlichen Mittelpunkt zusammengehalten werden, umschließt ihre Gesamtsumme das archetypische Bausteinchen eines geordneten Universums. Die Dynamik der komplementären Umkehrung schließt die Statik der Polarisation aus. Es ist gesagt worden: "Derjenige, der die Aufeinanderfolge des Früheren Himmels oder Vorweltliche Reihenfolge beherrschen kann, bedarf nicht länger des Buches der Wandlungen."

Himmel und Erde bestimmen die Richtung.
Berg und See stehen in Verbindung ihrer Kräfte.
Donner und Wind regen einander auf.
Wasser und Feuer bekämpfen einander nicht.
So werden die acht pa kua durcheinander gestellt.

"Schuo Gua", I Ging

Wie schon der Name sagt, illustriert der Spätere Himmel oder Innerweltliche Ordnung den zyklisch wechselwirksamen Strom der archetypischen Kräfte der Wandlung, wie sie in Beziehung zu der Erschaffung der Erscheinungswelt und, noch bedeutsamer, zu der Welt der inneren psychologischen Entsprechungen stehen. Gerade so wie der Tag seinen rhythmischen Ablauf hat, der dem größeren eines Jahres entspricht, so hat der Mensch einen inneren Rhythmus, der mit größeren und kleineren Zyklen in Einklang gebracht werden kann. Die Innerweltliche Ordnung ist ein Konzentrationsmittel, um die seelische Erregung mit den Naturgesetzen zu harmonisieren. Einige taoistische Überlieferungen beziehen die Bewegung der *pa kua* in dieser Anordnung auf Atem- und Meditationsübungen. An jedem Tag wird der Mensch aufs neue geboren und stirbt wieder; jeder Tag umfaßt Zunahme und Abnahme des Menschen; jeder Mensch hat seinen Sonnenauf- und Sonnenuntergang.

Mandala des Früheren Himmels oder Vorweltliche Reihenfolge

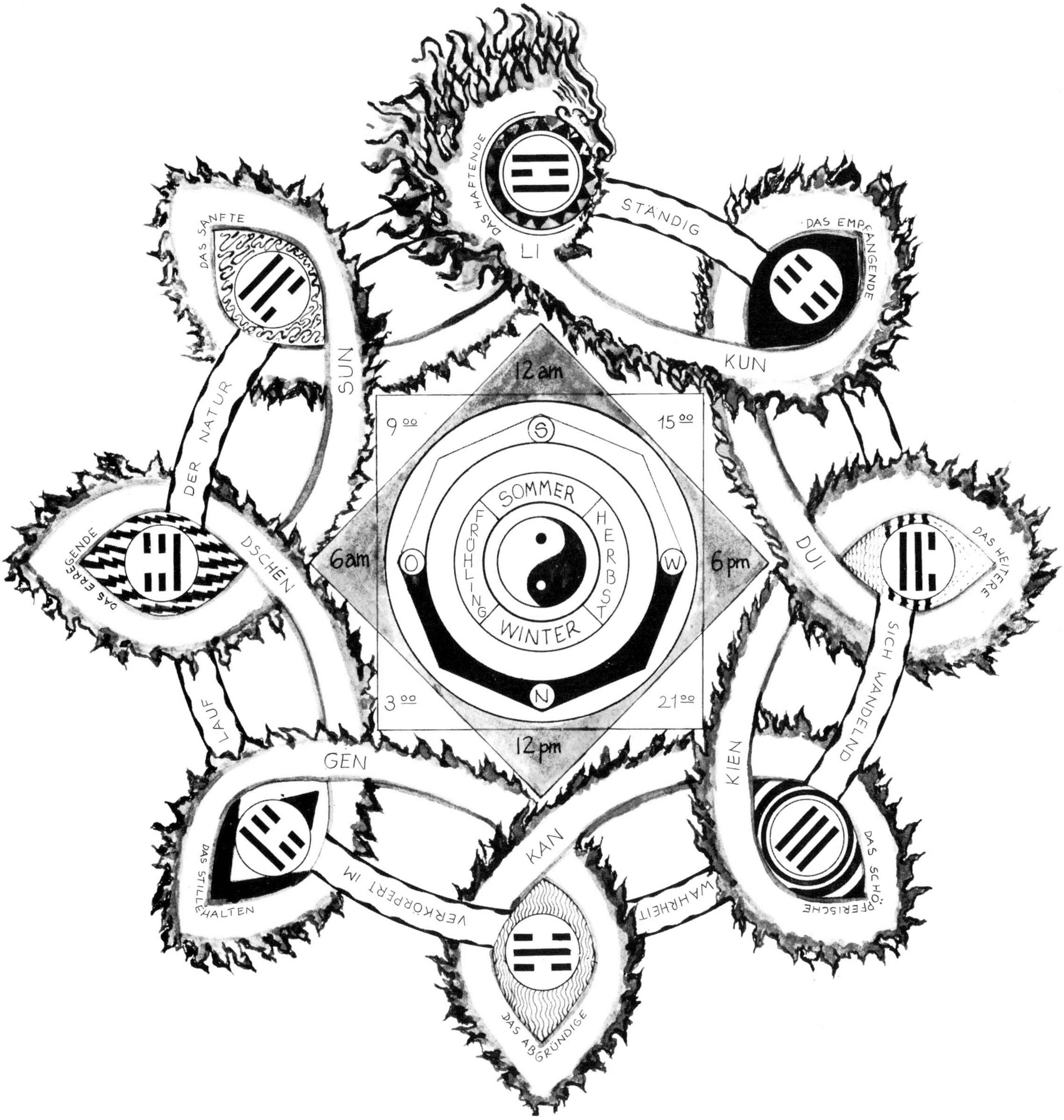

Mandala des Späteren Himmels oder Innerweltliche Ordnung

Gott tritt hervor im Zeichen des Erregenden.
Er macht alles völlig im Zeichen des Sanften,
Er läßt die Geschöpfe einander erblicken im Zeichen des Haftenden (des Lichts),
Er läßt sie einander dienen im Zeichen des Empfangenden.
Er erfreut sie im Zeichen des Heiteren,
Er kämpft im Zeichen des Schöpferischen,
Er müht sich im Zeichen des Abgründigen,
Er vollendet sie im Zeichen des Stillehaltens.

"Schuo Gua", I Ging

Alle Zyklen von Erfahrung sind miteinander verkettet und Ausdruck eines unwandelbaren Gesetzes. Die beiden Reihenfolgen der *pa kua* ergänzen einander: die Vorweltliche Ordnung offenbart die grundlegende Harmonie des Universums; die Innerweltliche Ordnung den immer wiederkehrenden Strom dieser Harmonie, wie sie sich im phänomenalen Bereich ausdrückt. Dazu kommentiert Wilhelm: "Man muß zum vollen Verständnis die innerweltliche Ordnung immer als transparent sich vorstellen, wobei die vorweltliche Ordnung durchschimmert."

Die Urkräfte schaffen und erhalten sich gegenseitig durch die geheimnisvolle Macht des Mittelpunktes. Von ihm aus strömt die Entfaltung aller Erscheinungsformen in symmetrisch ausstrahlender Art und Weise. Dieses ist ein weltschaffender Prozeß, der in der "Großen Abhandlung" des *Buches der Wandlungen* wunderbar beschrieben wird:

> *Darum nannten sie das Schließen der Pforten das Empfangende, und das Öffnen der Pforten nannten sie das Schöpferische. Den Wechsel zwischen Schließen und Öffnen nannten sie Veränderung. Das Hin- und Hergehen ohne Aufhören nannten sie das Durchdringen. Was sichtbar sich zeigt, nannten sie Bild, was körperlich gestaltet ist, nannten sie Ding. Was festgesetzt ist für den Gebrauch, nannten sie Gesetz. Was fördernd ist beim Aus- und Eingehen und wovon die Menschen alle leben, das nannten sie das Göttliche.*

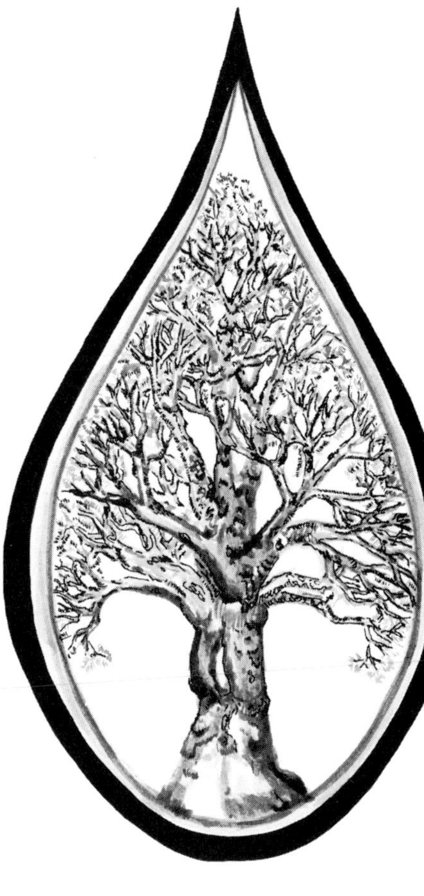

Der Hinweis auf die "Pforten" betrifft den Mittelpunkt, dessen bloßes Vorhandensein schon eine polare Bewegung - innen und außen - hervorruft, wovon die verschiedenen sichtbaren und unsichtbaren Erscheinungen in konzentrischer Art und Weise ausgehen. Das Mandala ist nicht nur ein räumliches Axiom, sondern ebenso ein zeitlicher Ablauf. Die vorweltliche Ordnung der *pa kua* enthält ebenfalls eine vorwärts- und eine rückwärtsgerichtete Bewegung. Zu dieser zweifachen Bewegung gibt es den folgenden Kommentar:

> *Beim Durcheinanderstellen der Zeichen, d.h. wenn sie in Bewegung kommen, ist eine doppelte Bewegung zu konstatieren, die gewöhnliche, rechtläufige, sich im Zeitverlauf summierende und expandierende, durch die das Vergehende bestimmt wird, und eine entgegengesetzte, rückläufige, sich im Zeitverlauf zusammenfaltende und kontrahierende, durch die die Keime der Zukunft sich gestalten. Die Kenntnis dieser Bewegung verleiht das Wissen der Zukunft. Bildlich ausgedrückt: wenn man versteht, wie der Baum sich im Samenkorn zusammenzieht, so versteht man die künftige Entfaltung des Samenkorns zum Baum.*

Dieser ganze Ablauf ist durchdrungen und wird ermöglicht durch das göttliche Prinzip, "aufgrund dessen alle Menschen leben". Das Grundprizip mystischen Denkens und mystischer Symbolik ist die *göttliche Vereinigung,* die nicht als statischer. sondern als dynamischer Prozeß erfaßt werden muß - wenn sie sich überhaupt fassen läßt. Diese Einheit ist unteilbar, sie ist das Ganze; *einer* allein kann sie nicht darstellen. Göttliche Vereinigung ist der zentrale Brennpunkt, der allen Dingen zugrundeliegt. Sie enthält synergetisch alle Teile des Ganzen, ist aber nicht einfach deren Summe. Die dynamische Ganzheit, die das Mandala umschließt, entwickelt sich im Einklang mit sehr einfachen und allgemeinen Grundsätzen.

Alles, was die Kraft der Welt tut, vollzieht sich in einem Kreis. Der Himmel ist rund, und ich habe gehört, daß die Erde wie eine Kugel rund ist, und so sind alle Sterne. Der Wind, wenn er seine höchste Macht entfaltet, bildet Wirbel. Die Vögel bauen sich runde Nester, denn ihre Religion ist die gleiche wie die unsrige. Die Sonne kommt hervor und geht wieder in einem Kreise nieder. Der Mond tut dasselbe, und beide sind rund. Selbst die Jahreszeiten bilden ihren wechselnden Gang in einem großen Kreis und kehren immer dorthin zurück, von wo sie gekommen. Eines Menschen Leben ist ein Kreis von Kindheit zu Kindheit, und so verhält es sich mit allem, darin Kraft sich regt. Unsere Tipis waren rund wie Vogelnester, und diese wurden stets in einem Kreise angelegt, dem Ring des Volkes, einem Nest von vielen Nestern, wo der Große Geist wollte, daß wir unsere Kinder hegen.

Schwarzer Hirsch, *Ich rufe mein Volk.*

Laurette Sejourné spricht von dem Gesetz des Zentrums, das "das Auseinandersplittern von gegensätzlichen Kräften verhindert". Ob Zyklen nun zu Leben und Tod, Raum und Zeit, sichtbaren und unsichtbaren Kräften zugehören, sie werden durch konzentrische Muster zusammengehalten. Durch das Verstehen des Mittelpunktsgesetzes als Grundprinzip der Natur ist die Menschheit dazu befähigt gewesen, unermeßliche Systeme zu errichten und verschiedene Harmoniestufen durch das Universum hindurch vermittelt zu bekommen. Aus dem Gesetz des Mittelpunktes hat die Menschheit ebenfalls ein entwicklungsgemäßes oder sogar hierarchisches Ordnungsprinzip abgeleitet. Da das Zentrum selbst mit einer Quelle von Kraft, Weisheit und Leben gleichgesetzt wird, nimmt es den "höchsten" oder innersten Platz in der gesamten konzentrischen Anordnung ein. Das Zentrum ist das "Namenlose", das Oberste und Älteste, und doch ist es immer gegenwärtig und sendet beständig seine Energie aus - es erneuert sich selbst.

Abu Bakr Siraj Ed-Din spricht von diesem Mittelpunktsprinzip als der Essenz und vergleicht es mit einem Feuer, in dem alles verbrennt wie auch mit einem Brunnen - dem Brunnen des Paradieses -, aus dem alles entströmt. Der Bereich dieser Essenz ist die ganzheitliche Erfahrung. Von dieser Essenz nach außen und in absteigender Reihenfolge zu verstehen strahlen die verschiedenen "niederen" Bewußtseinsreiche aus. In dem Bildwerk, das der Muslim Ed-Din entworfen hat, ist der nächste Bereich zu dem zentralgelegenen Garten der Essenz - der alle übrigen Gärten einschließt - der Garten des Geistes; dann folgt der Garten des Herzens und schließlich derjenige der Seele. Die Erfahrung des Suchenden im Mittelpunkt des Mandala ist die unumstößliche Gewißheit der Essenz. In dieser zentralen Erfahrung brennen alle Dinge ab. Im Garten des Geistes weiß der Suchende um die Wahrheit dieser Gewißheit, denn er spürt die Hitze der Flamme. Im Garten des Herzens weiß der Suchende mit Hilfe des Auges der Gewißheit, denn aus dieser

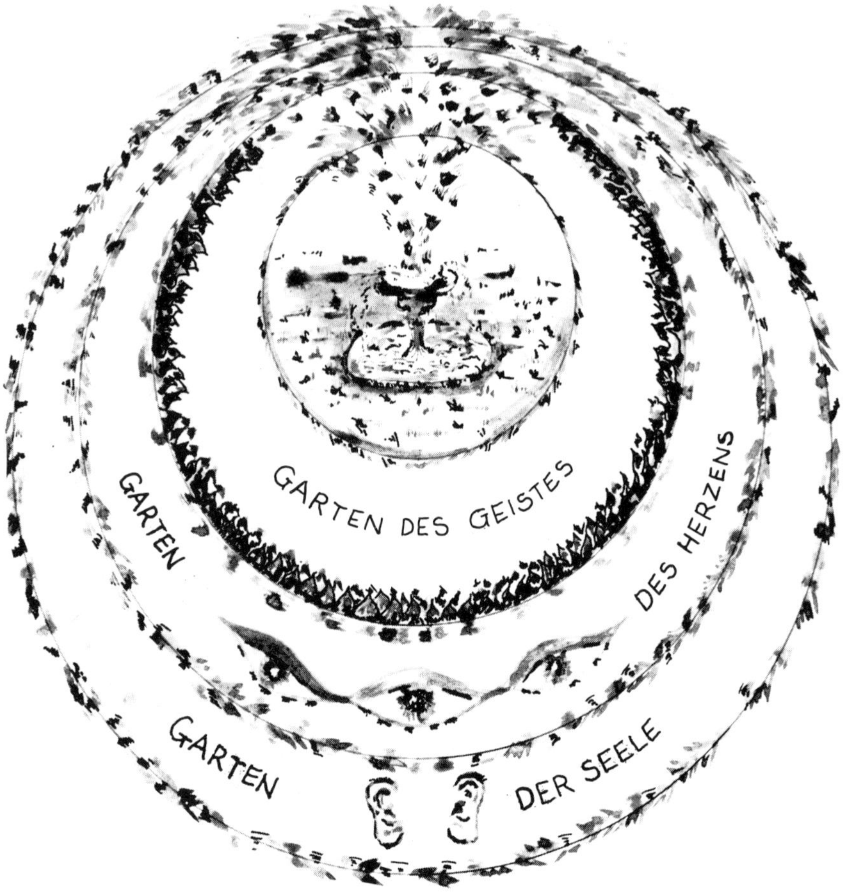

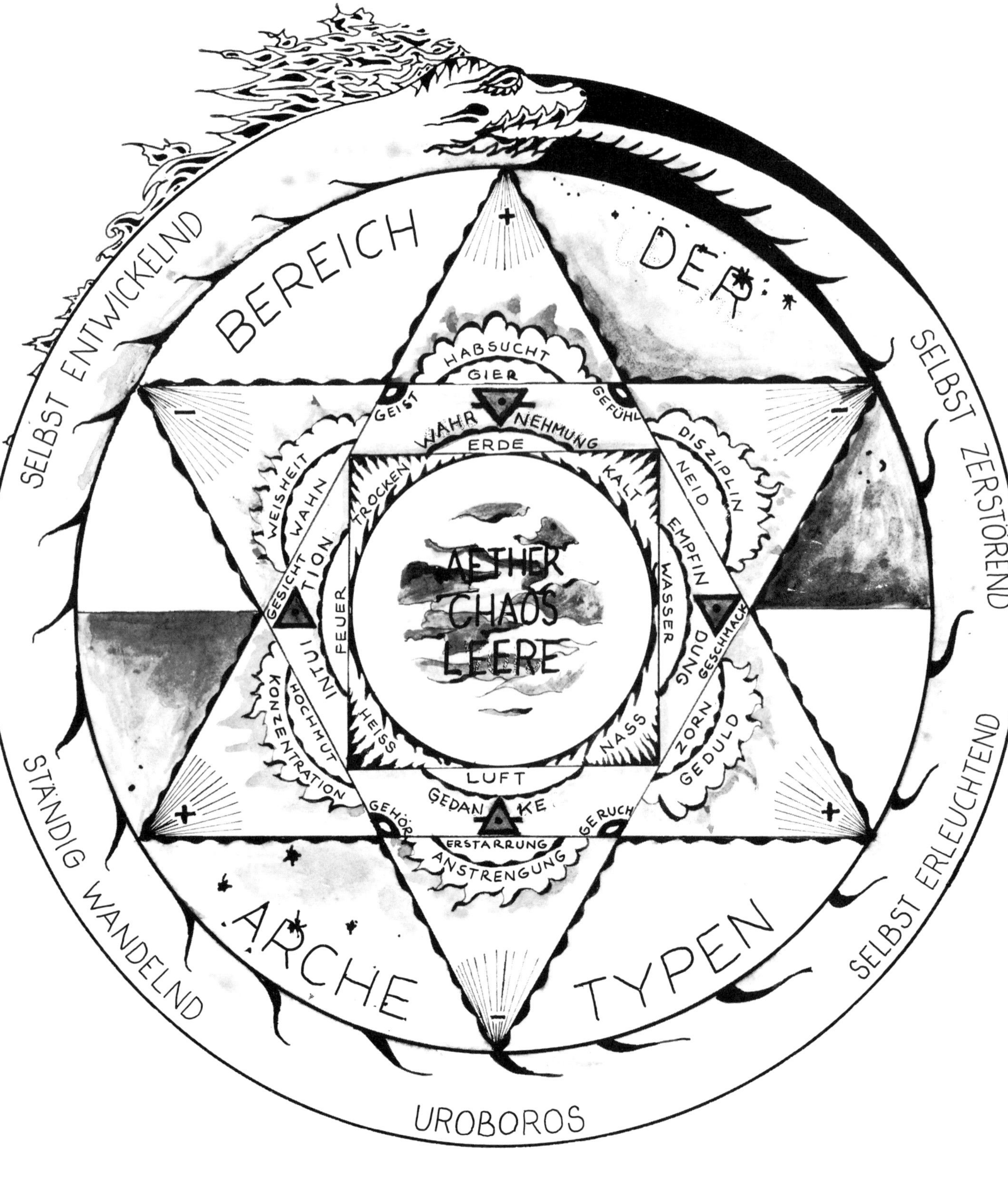
SELBST ENTWICKELND
BEREICH
DER
SELBST ZERSTÖREND
ARCHE
TYPEN
STÄNDIG WANDELND
SELBST ERLEUCHTEND
UROBOROS
HABSUCHT
GIER
GEIST
GEFÜHL
WAHR NEHMUNG
ERDE
DISZIPLIN
NEID
WEISHEIT
WAHN
TROCKEN
KALT
EMPFIN DUNG
INTUI TION
GESICHT
GESCHMACK
FEUER
WASSER
AETHER
CHAOS
LEERE
KONZENTRATION
HOCHMUT
HEISS
NASS
ZORN
GEDULD
LUFT
GEDAN KE
GEHÖR
GERUCH
ERSTARRUNG
ANSTRENGUNG

Entfernung kann er nur die Flamme der Essenz wahrnehmen. Im Garten der Seele weiß der Sucher jedoch nur mittels Überlieferung von der Essenz, das heißt, durch das, was ihm erzählt worden ist.

Abu Bakr Siraj Ed-Dins Beschreibung stellt ein Mandala von vielfältiger Bedeutung dar. Es umschreibt den Weg des Suchenden; es enthält auch eine Weltentstehungslehre und eine schöpferische Enthüllung. Seine hierarchische Ordnung darf man sich nicht als ein notwendigerweise linear verlaufendes, aufeinanderfolgendes Phänomen vorstellen. Es handelt sich vielmehr um ein Mandala, das auf verschiedenen Ebenen gleichzeitig wirksam ist, ähnlich einer Folge von miteinander korrespondierenden Widerspiegelungen in einer Reihe von Teichen, wo einer über dem anderen gelagert ist und alle von einem großen See umschlossen sind. Als ein weltenschaffendes Modell ist das Mandala ein synchron verlaufendes, sich selbsterneuerndes Ganzes. Es hat keinen Anfang als den gegenwärtigen Augenblick, auf den in den Sufi-Überlieferungen als "Erneuern der Schöpfung zu jedem Zeitpunkt" verwiesen wird. Die Vorstellung von dem Grundgehalt des Mandala als einem Prozeß beständiger Erneuerung ist eng verwandt mit jener von *Hong*, "Die Dauer", dem Zeichen Nummer 32 aus dem *Buch der Wandlungen:*

> *"Die Dauer ist ein Zustand, dessen Bewegung sich nicht durch Hemmungen aufreibt. Sie ist nicht ein Ruhezustand; denn bloßer Stillstand ist Rückgang. Dauer ist vielmehr eine in sich geschlossene und darum stets sich erneuernde, nach festen Gesetzen sich vollziehende Bewegung eines organisierten, in sich fest geschlossenen Ganzen, bei der auf jedes Ende ein neuer Anfang folgt. Das Ende wird erreicht durch die Bewegung nach innen, das Einatmen, die Systole, die Konzentration. Diese Bewegung geht über in einen neuen Anfang, bei dem die Bewegung nach außen gerichtet ist, das Ausatmen, die Diastole, die Expansion. So haben die Himmelskörper ihre Bahnen am Himmel und können daher dauernd leuchten. Die Jahreszeiten haben ein festes Gesetz des Wechsels und der Umbildung und können daher dauernd wirken."*

Eine fortwährende Bewußtheit und Teilhabe an dieser schöpferischen Selbst-Erneuerung bildet eine grundlegend alchimistische Betätigung. Die Alchemie ist die bewußte Umwandlung eines Elementes in ein anderes, mit welcher Technik auch immer. Durch Worte verwandelt der Dichter seine Gefühle in Gesang; durch Liebe verwandelt der Liebende die Geliebte in ein Wesen, dessen ganzes Entzücken darin besteht, in der Liebe des Liebenden ausgelöscht zu werden.

Die Smaragdene Tafel des Hermes Trismegistus

In seinen gesamten seelisch-körperlichen Vorgängen ist der menschliche Organismus ständig alchimistisch wirksam - indem er Sinneseindrücke in psychische Wahrnehmung umsetzt und umgekehrt. Es ist aufgrund seines wandlungsfähigen und vielschichtigen Wesens nicht weiter verwunderlich, daß vieles von dem, was in Ost und West die alchimistische Tradition genannt wird, durch Symbole wie das Mandala oder den Magischen Kreis überliefert worden ist. Viele der führenden praktizierenden Alchimisten sind in jeder Hinsicht Anhänger der Symbolik gewesen. Weil die Alchemie mittels einer verwickelten Symbolkette weitergegeben wurde, die sich oftmals auf analoge Vorgänge in der Metallurgie beziehen, ist so manch einer vom rechten Wege abgekommen. In der alchimistischen Tradition wird eine Unterscheidung gemacht zwischen den wahrhaft Praktizierenden der Kunst - den Symbolkundigen und Suchern - und den "Kohlenbrennern" - denjenigen, denen es um Erlangung einer rein physikalischen Umwandlung geht. Wenn von Gold oder Blei gesprochen wird, muß das so verstanden werden, daß sie sich ebenso auf seelisch-körperliche Qualitäten und Vorgänge wie auf Bodenmineralien beziehen. Für den Suchenden ist die Erde ein großes Symbolgewebe, und seine Aufgabe besteht darin, die Entsprechungen wahrzunehmen, damit er das Große Werk vollbringen kann: die Umwandlung der Seele. Die ganzheitliche Konzeption der Alchemie führt direkt zum Mandala. Viele alchimistische Pläne verwenden eine Mandala-Form, um die organischen Wechselbeziehungen zwischen den Elementen und Gattungen der Natur zu enthüllen. Die Alchemie definiert auch die Bewußtseinsprozesse als einen fortlaufenden Zustand umfassender Bewußtheit, was Dane Rudhyar genauer formuliert als "aktive Wechselbeziehung".

Als eine alchimistische Technik fördert das *I Ging* die aktive Teilnahme des Menschen an der Gesamtheit aller Elemente, von denen er umgeben ist, an denen er mitwirkt und auf die er bewußt in einem wechselweisen Umwandlungsprozeß einwirkt. Die Gesamtheit dieses dynamischen Vorgangs beschreibt die Natur: Himmel-Mensch-Erde - als ein organisches, evolutionstragendes Ganzes.

Um diese kosmische Ganzheit zu skizzieren, werden die acht Urbilder der Wandlung - die *pa kua* - in einem Mandala ausgebreitet. Der Ausbau von acht Grundelementen zu vierundsechzig Verbindungen verläuft analog dem alchimistischen Prozeß der Vervielfältigung. Das Mandala der vierundsechzig *kua* versinn-

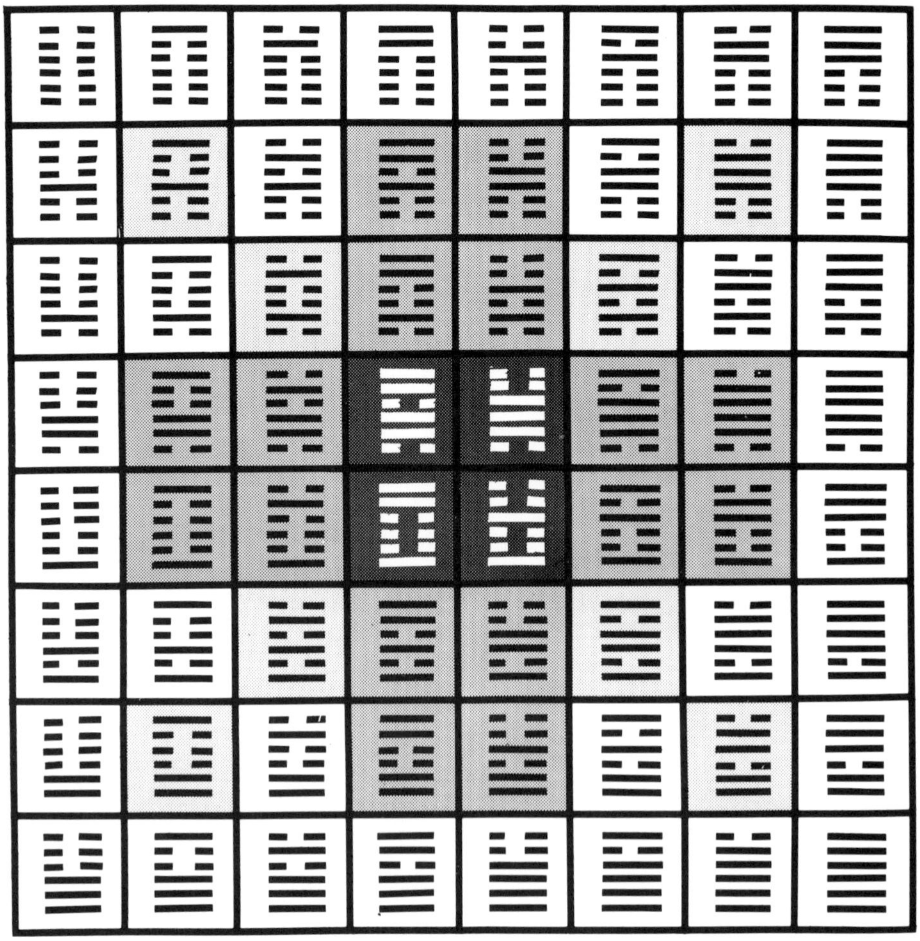

Mandala der vierundsechzig Kua *(oben)*

Mandala der vierundsechzig Unterteilungen, aus dem Vastu-Purusha-Mandala *(unten)*

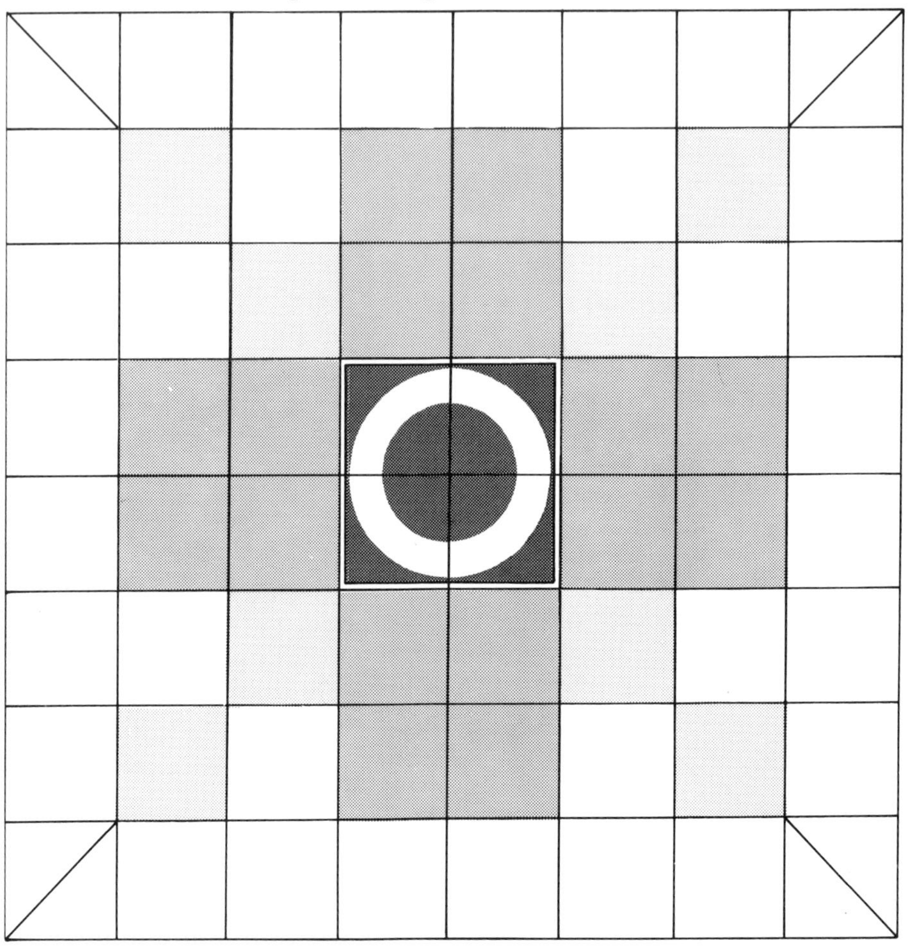

bildlicht den Aufbau des Kreislaufs der Wandlungen, der die elementarsten Erscheinungsformen umfaßt. Der sechslinige Aufbau eines jeden dieser vierundsechzig Symbole bildet ganz allgemein den Entwicklungsverlauf einer gegebenen archetypischen Situation ab. Vom Standpunkt des *Buches der Wandlungen* aus sind alle Situationen Archetypen oder Symbole, die wir dem Wesen und der Entwicklung unserer Wahrnehmung und unseres Bewußtseins gemäß deuten (oder mißdeuten). Da es die Archetypen sind, die dem "kollektiven Unbewußten" seine Form verleihen, stellt die Bewußtmachung der Archetypen im täglichen Leben ein Hilfsmittel dar, womit die Bausteine der Existenz eine bewußter gewordene Struktur erlangen können. Situationen existieren mit der inneren Bestimmung, daß unser Wesen dazu fähig sei, sie zum Mittelpunkt zu führen und sich selbst durch sie von neuem zu erschaffen.

Hat man die zyklisch aufeinanderbezogene Struktur der vierundsechzig Symbole des *I Ging* erhalten, so ist bemerkenswert, daß eines der grundlegenden visuellen Muster aus der hinduistischen Tradition das Mandala der vierundsechzig Teilbereiche ist. Es ist dies eines der beiden Mandalas, die beim Grundriß indischer Tempel Verwendung fanden, und es ist Teil des *Vastu-Purusha-Mandala,* einem System von zweiunddreißig formbildenden Typen von Mandalas. Dieses System ist im Ganzen den strukturellen und permutierenden Gesichtspunkten des *Buches der Wandlungen* ähnlich.

Das *Vastu-Purusha-Mandala* ist das Symbol für die absolute Essenz *(Purusha),* insofern diese Essenz dazu in der Lage ist, sich selbst für die Existenzwerdung zu eignen *(Vastu).* Wenn die Essenz Gestalt annimmt, ergibt sich die Form des Mandala. Dies wurde von den alten Hindus als eine *göttliche Verkörperung* angesehen und die einzelnen Mandalas symbolisch für die Erde oder das irdische Prinzip. Ursprünglich entsprach das *Vastu-Purusha-Mandala* einem lebendigen Opfer, das den Beginn eines neuen Weltensystems symbolisierte. Dieses Ritual spiegelt wider, wie die ursprüngliche Essenz ihre unbedingte Glückseligkeit opfert, um das Sein in allen seinen Formen einzuleiten.

Die zweiunddreißig Typen des *Vastu-Purusha-Mandala* bauen auf Gruppen von Vierecken auf. Es gibt ein Grundmandala, das aufgebaut ist aus neun Quadraten, einem Symbol des irdischen Bereichs mit dem zentralen Quadrat, das dem Mittelpunkt der Welt entspricht. Dieses ist der innere Kern aller Mandalas mit ungeraden Zahlen.

Die Mandalas mit geraden Zahlen werden von einem Mittelpunkt aus errichtet, der sich aus vier Blöcken zusammensetzt. Diese Gruppe von Blöcken stellt die regelmäßige Wiederkehr der Vierteilung der Zeitalter, der Jahreszeiten, Elemente und so weiter bildlich dar. Es ist auch das Symbol von Shiva, dem göttlichen Umwandler, dessen unaufhörlicher Tanz die sich ewig wandelnde Bewegung der Natur widerspiegelt. Wie Titus Burckhardt bemerkt, können die Mandalas, die sich auf der Zahl Vier aufbauen,

> *". . . betrachtet werden als die 'statische' Form des kosmischen Rades mit vier Speichen oder in seine vier Phasen unterteilt. Es kann wahrgenommen werden, daß dieser Typus von Mandala kein zentrales Viereck hat, daß der 'Mittelpunkt' der Zeit damit die ewige Gegenwart ist."*

Die gleichen zyklo-kosmischen und synchronen Grundgedanken bestimmen das *Buch der Wandlungen* und das *Vastu-Purusha-Mandala* der vierundsechzig Unterteilungen. Die vier zentralen Blöcke, die Shiva darstellen, entsprechen den vier im Mittelpunkt stehenden Symbolen des *I Ging*-Mandalas der vierundsechzig *kua.* Diese Symbole,

Sun, das "Sanfte", ䷸ ; *Hong,* die "Dauer" ䷟ ; *I,* die "Mehrung" ䷩ ;

und *Dschen,* das "Erregende" ䷲ setzen sich zusammen aus den beiden *pa kua* für das "Sanfte", Wind ☴ und das "Erregende", Donner ☳ . Gemeinsam bilden Wind und Donner die beiden aktiven umwandelnden Grundkräfte, wie sie sich in der Welt der Naturerscheinungen kundtun. Im psychischen Bereich ergänzen sie sich durch Wechselwirkung: durch verstandesmäßiges Eindringen werden ruhende Funktionen aufgeweckt und aktiviert.

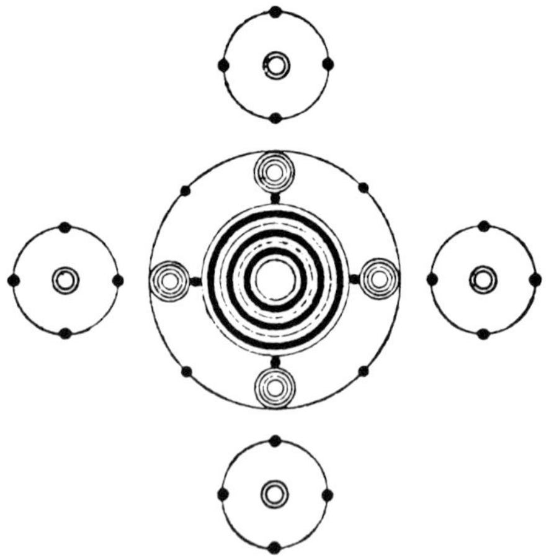

> *Der Donner rollt, und der Wind weht. Beides ist etwas äußerst Bewegliches, so daß es dem Anschein nach das Gegenteil von Dauer ist. Aber ihr Hervortreten und Zurücktreten, ihr Kommen und Gehen folgt dauernden Gesetzen. So beruht die Selbständigkeit des Edlen auch nicht darin, daß er starr und unbeweglich ist. Er geht immer mit der Zeit und wandelt sich mit ihr. Das Dauernde ist die feste Richtung, das innere Gesetz seines Wesens, das alle seine Handlungen bestimmt.*
>
> "Die Dauer", *I Ging*

Die erstaunlich fließende Fähigkeit zur Umwandlung bestimmt auch das Gesetz, auf dem Shivas Tanz beruht - der Tanz des unaufhörlichen Drehens des vierspeichigen Rades, dessen Nabe die Ewigkeit ist und das entlang seines Laufs stufenweise alles verwandelt.

Das Prinzip der Dauer ist gleichbedeutend mit dem dynamischen Prinzip des Mandala. Das Mandala ist ein kosmisches Diagramm, das die Zyklen von Raum und Zeit miteinander zur Deckung bringt und dabei den Lauf des Himmels mit dem Lauf der Erde vereinigt. Das Mandala wird häufig mit der göttlichen Intelligenz in Verbindung gebracht, die aus dem höchsten *Purusha* entspringt. Und was diese göttliche Intelligenz durch den Vorgang der Dauer in der kristallinen Gestalt des vierundsechzig-quadratigen Mandala errichtet, ist die Struktur der Stadt Gottes.

Heilige Strukturen, die auf dem Mandala beruhen, sind Widerspiegelungen der zyklo-kosmischen Wirkungsweise der Natur. Das vierundsechzig-quadratige Mandala hat eine Außenbegrenzung von achtundzwanzig Quadraten. Eine offensichtliche Entsprechung besteht zum Mondzyklus von achtundzwanzig Tagen und, in der astrologischen Überlieferung der Hindus, zu den achtundzwanzig Mondhäusern. Ebenso ist die kreisförmige Sonnentanz-Hütte aus der Zeremonie der Sioux-Indianer aus achtundzwanzig Stäben errichtet. Die Hütte selbst wird zum kosmischen Symbol, das die Hochzeit der Sonne - der Hütte als Ganzes - und des Mondes - die Zusammensetzung der Hütte - verkörpert. Zusätzlich zu den achtundzwanzig Stäben gibt es einen alles stützenden Dachfirstbalken im Mittelpunkt. Dieser ist häufig auch ein Baum, der die Weltachse symbolisiert. Die heiligen Männer der Sioux sprechen davon, daß dieser Pfahl oder Baum Wakan Tanka darstellt, den Geist, der das Universum erhält.

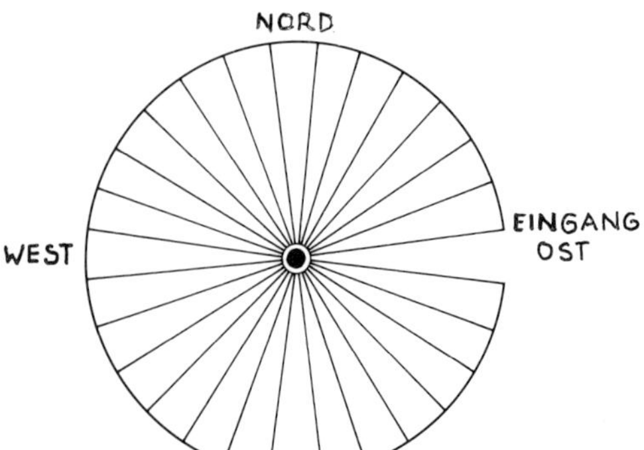

Sonnentanzhütte

In der kabbalistischen Überlieferung ist achtundzwanzig die Zahl des vollkommenen Menschen, der als Summe der dreieinigen Aspekte von Geist, Seele und Körper begriffen wird. Achtundzwanzig ist die Summe aus 1+2+3+4+5+6+7, was durch ein Dreieck mit eins am Scheitelpunkt und sieben an der Basis dargestellt werden kann. Drei Zyklen von achtundzwanzig Jahren - vierundachtzig - bilden in Entsprechung dazu die ideale Dauer des menschlichen Lebens.

Als ein System, das zu tun hat mit Wesen und Einfluß regelmäßiger Wiederkehr, wird auch die Astrologie durch den Gebrauch von Mandalas geprägt. Die Symbole des Tierkreises, die man sich ihrem Wesen nach gemeinhin als ausschließlich himmlisch vorstellt, umschreiben verschiedene psychologische und irdische Vorgänge. Gerade kürzlich hat Dane Rudhyar sehr ausdrucksvoll die integrale Funktion der Astrologie und ihre Beziehung zum Mandala formuliert:

Das große Symbol für die Individuation ist das Mandala: das heißt, ein magischer Kreis, der ein Kreuz oder irgendeine andere ursprüngliche Vierheit umschließt.

Ein solches Symbol ist der Tierkreis - und die typische Quadratur einer astrologischen Tabelle (die vier Winkel). Alle Geburtsdatum-Astrologie ist die praktische Anwendung des 'Quadrierens des Kreises' - des bewußten Weges: Tao. Das vierfache T-A-O ergibt die zwölf Zeichen der astrologischen Häuser. Jede Geburtstabelle ist das Mandala eines Einzellebens. Es ist der Blaudruck des Individuationsprozesses für dieses bestimmte Individuum. Ihm mit Verständnis nachzufolgen bedeutet, dem 'bewußten Weg' zu folgen; dem Weg der 'tätigen Ganzheit'; das heißt, dem Weg der aktiven Erfüllung der Wesensganzheit, die das Selbst ist.

Jedes der zwölf Tierkreiszeichen ist verbunden mit dem Symbol für ein Element - Erde: Stier, Jungfrau und Steinbock; Luft: Zwillinge, Waage und Wassermann; Feuer: Widder, Löwe und Schütze; und Wasser: Krebs, Skorpion und Fische. Diese Zeichen haben ihre Entsprechung in dem vierteljährlichen Lauf der Jahreszeiten und in einer wesensgemäßen Aktivität nach dem folgenden Schema:

Bei der Frühlingsgleiche:	*Feuer-Kraft wird hervorgerufen - Widder* *dann gesammelt - Stier* *schließlich verteilt - Zwillinge*
Bei der Sommersonnenwende:	*Wasser-Kraft wird hervorgerufen - Krebs* *dann gesammelt - Löwe* *schließlich verteilt - Jungfrau*
Bei der Herbstgleiche:	*Luft-Kraft wird hervorgerufen - Waage* *dann gesammelt - Skorpion* *schließlich verteilt - Schütze*
Bei der Wintersonnenwende:	*Erd-Kraft wird hervorgerufen - Steinbock* *dann gesammelt - Wassermann* *schließlich verteilt - Fische*

Sternzeichen von hervorrufender Kraft werden Kardinalzeichen genannt.
Sternzeichen von sammelnder Kraft werden fixe Zeichen genannt.
Sternzeichen von verteilender Kraft werden veränderliche Zeichen genannt

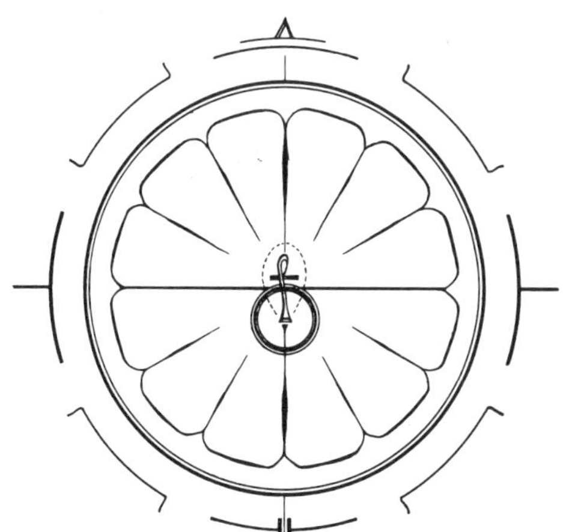

Astrologisches Diagramm

Dieser Symbolzyklus umschreibt die Tätigkeiten, die universell wirksam sind, und, wenn sie auf den Menschen angewandt werden, die Möglichkeit für den "Zodiak als Zyklus des Planetarischen Individuums" schaffen. Das Individuum, wie der Zodiak als Mandala geformt, ist ein Symbol für die Erfüllung eines universellen Selbst-Seins. So bestimmt, ist das Individuum dazu fähig, an einem Prozeß teilzuhaben, den Rudhyar "organisches Leben" nennt - "was immer drei grundlegende Fähigkeiten voraussetzt: Selbst-Erhaltung, Selbst-Regeneration, Selbst-Verwirklichung". Auch dies kann entsprechend auf die sammelnden, hervorrufenden und verteilenden Eigenschaften der Tierkreiszeichen bezogen werden.

Organisches Leben selbst beruht auf einer Harmonisierung mit und direkten Umsetzung von einer alles-erhaltenden Kraft oder einer Folge von Energieströmen. In der harmonischen Verwirklichung wird der Einzelorganismus zum Energiefeld. Die Energie dieses Kraftfeldes arbeitet im wesentlichen aufgrund eines polaren Rhythmus von positiv + und negativ –, oder in der Sprache des *I Ging,* in festen — und gebrochenen – – Linien, *yang* und *yin.*

Aus diesem einfachen bipolaren Rhythmus kann ein Grundmandala errichtet werden, in dem die zwölf Tierkreiszeichen und die entsprechenden "monatlichen" *kua* des *Buches der Wandlungen* enthalten sind. Dies ist das *Mandala der bio-zyklischen Rhythmen.*

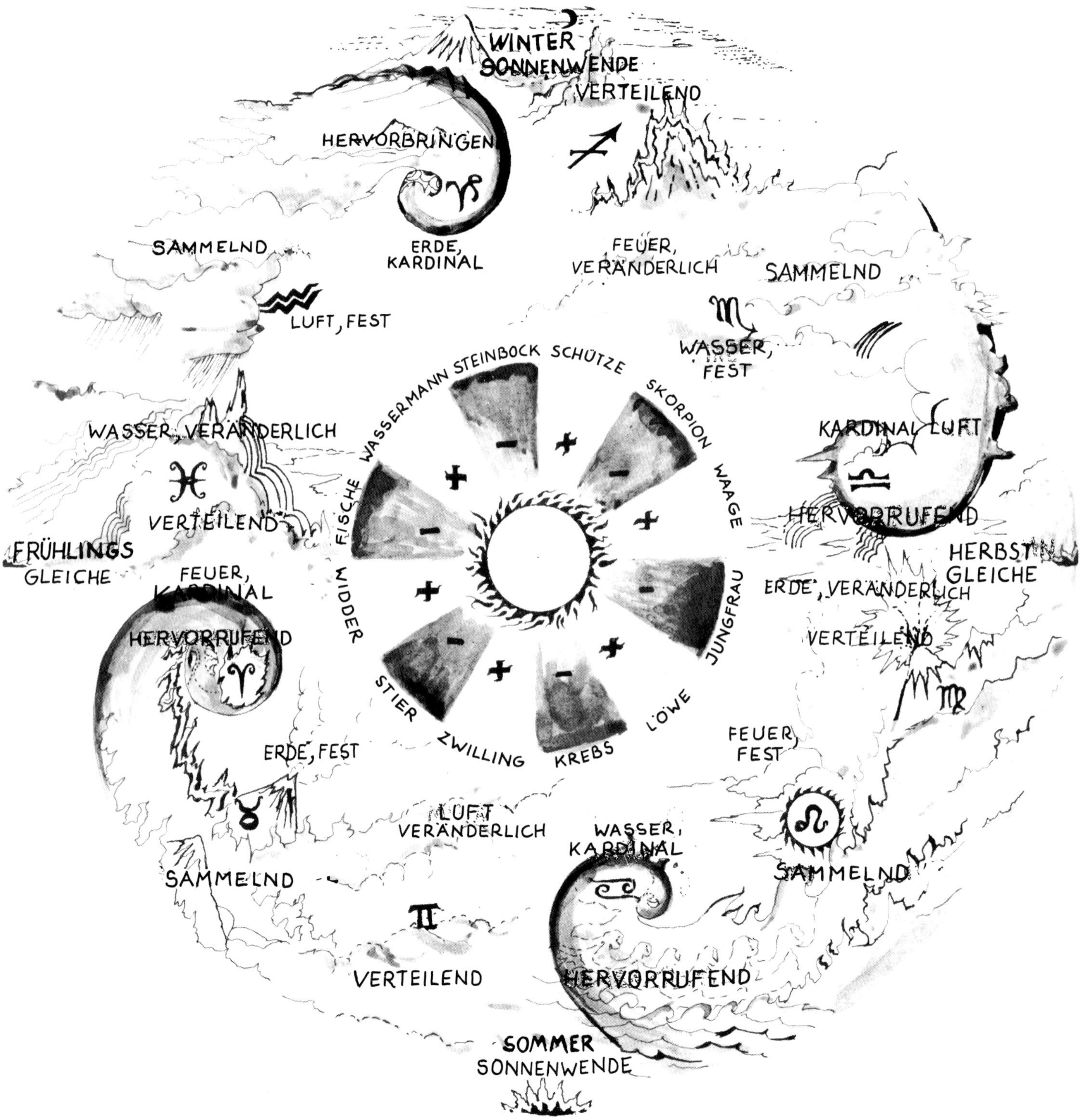

WINTER
SONNENWENDE
VERTEILEND
HERVORBRINGEN
ERDE,
KARDINAL
FEUER,
VERÄNDERLICH
SAMMELND
SAMMELND
LUFT, FEST
WASSER,
FEST
STEINBOCK
SCHÜTZE
WASSERMANN
SKORPION
WAAGE
FISCHE
WIDDER
JUNGFRAU
STIER
ZWILLING
KREBS
LÖWE
WASSER, VERÄNDERLICH
KARDINAL LUFT
HERVORRUFEND
VERTEILEND
FRÜHLINGS
GLEICHE
HERBST
GLEICHE
FEUER,
KARDINAL
HERVORRUFEND
ERDE, VERÄNDERLICH
VERTEILEND
ERDE, FEST
FEUER,
FEST
LUFT
VERÄNDERLICH
WASSER,
KARDINAL
SAMMELND
SAMMELND
VERTEILEND
HERVORRUFEND
SOMMER
SONNENWENDE

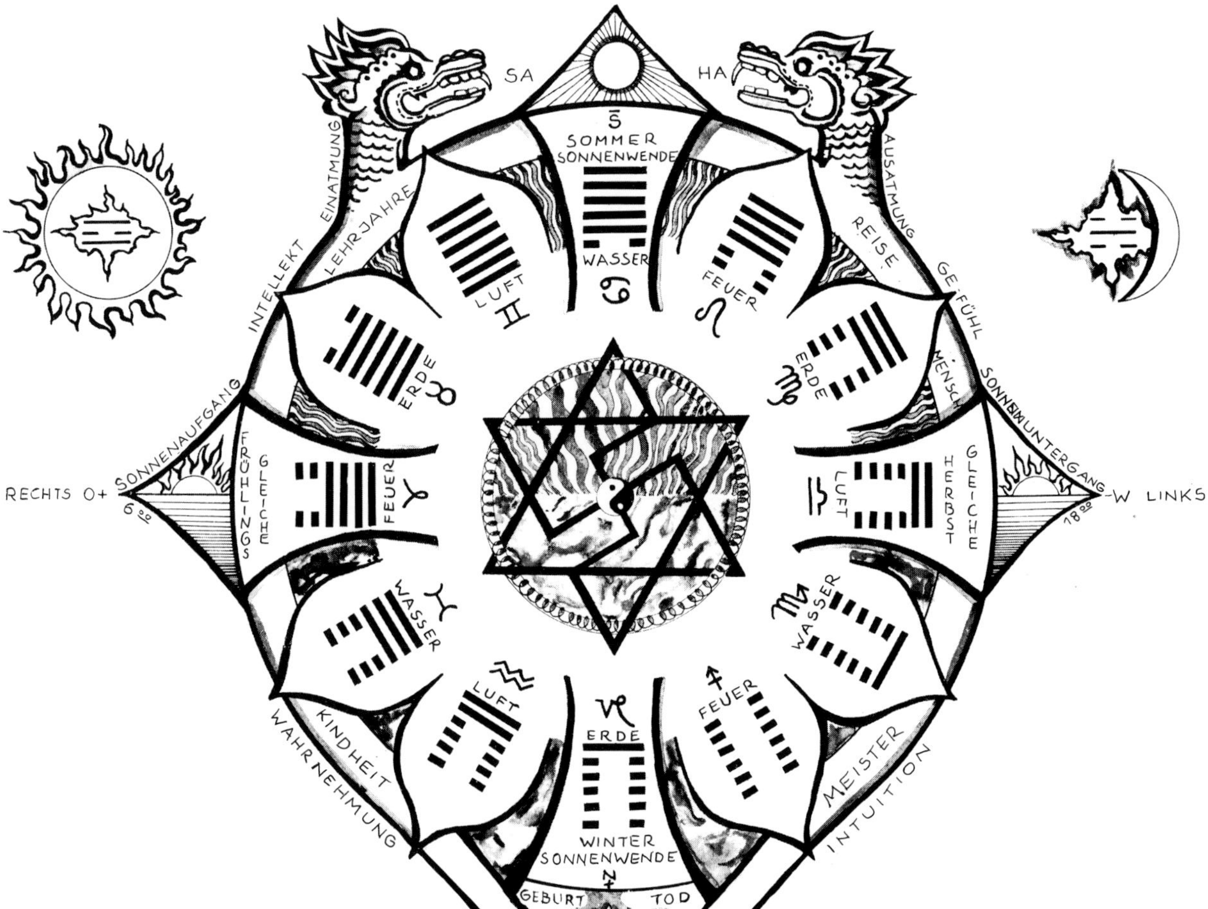

Die *kua* dieses Mandala verzeichnen Zunehmen und Abnehmen der Mächte von Licht und Finsternis mit Begriffen der variierenden Verhältnisse von *yang*- und *yin*-Linien. Der Wintersonnenwende und dem Beginn des Steinbocks entspricht das *kua Fu,* "Wiederkehr" (Wendezeit), in dem eine helle *yang*-Linie in die Tiefe des Symbols eintritt ䷗. Die lichten Linien nehmen beständig an Zahl zu, so daß die Frühlingsgleiche und der Beginn des Widders mit dem *kua Da Tschuang,* "Des Großen Macht" übereinstimmen ䷡. Hier erreichen die hellen *yang*-Linien den Ausgleich der Kräfte. Während sich im Zeichen der Fische – *Tai* "Friede" ䷊ die gleiche Anzahl von *yang*- und *yin*-Linien befindet, hat nun in "Des Großen Macht" eine *yang*-Linie das obere *pa kua* betreten. In dem monatlichen *kua* kann das niedere *pa kua* als die innere Grundlage und das obere als äußere Manifestation angesehen werden. Wenn die Grundlagen für das Leben nicht während des Winters aufgebaut würden, würde es keinen Frühling geben. Die Lichtkräfte erreichen ihren Höhepunkt in den Zwillingen, dem Zeichen *Kien,* das "Schöpferische" ䷀, wo es nur noch *yang*-Linien gibt. Zur Sommersonnenwende aber, die den Beginn des Krebszeichens markiert, kehrt das Dunkle wieder zurück und bildet das *kua Gou,* "das Entgegenkommen" ䷫, die Umkehrung von "Wiederkehr". Das Dunkle beginnt auf dem Höhepunkt der Lichtkräfte, und das Licht kehrt im Dunkel der Nacht zurück. Obwohl sich der Sommer äußerlich als Licht und Kraft manifestiert, wird sein Untergrund, symbolisiert durch das untere

Mandala der Biozyklischen Rhythmen

pa kua, zunehmend von *yin*-Kräften aufgesogen. Die Herbstgleiche wird dargestellt durch das *kua Guan,* "die Betrachtung" ䷓, dem Beginn der Waage, wo eine *yin*-Linie in das obere *pa kua* eintritt. Dieser Vorgang setzt sich durch das Zeichen Schütze fort, wo es nur noch *yin*-Linien gibt, die das Symbol *Kun,* "das Empfangende" ䷁, bilden. Zu dieser Zeit entkleidet sich die Erde und legt sich selbst bloß. Es ist dies aber auch die Zeit, wenn die Erde am passivsten ist und am ehesten fähig dazu, neue Energie zu empfangen. Genau dies geschieht mit der Wintersonnenwende, die durch *Fu* - die Rückkehr des Lichtes - dargestellt wird. So ist der Zyklus geschlossen.

Mikroskopisch betrachtet, verkörpert dieses Mandala den Zyklus des Musters organischen Lebens. Steinbock/"Rückkehr" ist der Augenblick der Geburt und ist als Kardinalpunkt auch das Symbol für das hervorrufende Element Erde. Im menschlichen Leben entspricht es dem Generationszyklus der Kindheit. In diesem Lebensabschnitt wird die Grundlegung des Lichtes auf der Erde langsam aufgebaut - dies zeigt das untere *pa kua* des *kua* für Steinbock, Wassermann und Fische. Im Uhrzeigersinn fortlaufend wird der nächste Kardinalpunkt durch den Widder symbolisiert, das hervorrufende Feuerzeichen, das einen anderen Lebensabschnitt, die Lehrjahre, einleitet. Dies ist die Zeit, sich Wissen und handwerkliche Fähigkeiten zu erwerben und die eigenen Anlagen zu erforschen, was oftmals von feurigem Enthusiasmus begleitet wird. Die Sommersonnenwende, durch den Krebs symbolisiert, das hervorrufende Wasserzeichen, leitet die Phase des Reisenden ein. Hier ist das Individuum in der Welt unter Seinesgleichen und geht seiner Beschäftigung nach, wohin es immer berufen wird. Aber wie die Bewegung des *kua* andeutet, beginnt die lichte Kraft des Fundamentes in diesem Abschnitt abzunehmen, da die dunklen Kräfte wachsen. Dies bezieht sich auf den unvermeidlichen Verfall der physischen Kräfte eines jeden Organismus. Der Beginn der abschließenden Periode entspricht dem Kardinalpunkt der Herbstgleiche, die durch die Waage symbolisiert wird, das hervorrufende Luftzeichen. Zu dieser Zeit erlangt das Individuum die Meisterschaft. Der Körper bereitet sich auf die Rückkehr zur Erde vor, was durch die Zeichen *Bo,* "die Zersplitterung", Skorpion und *Kun,* "das Empfangende", Schütze versinnbildlicht wird. Die Lebensenergien passen sich daher mehr dem Atem und Wind an, der über die Erde und durch sie hindurch weht. In Vorbereitung auf das Ritual des Todes beherrscht das Individuum gedanklich das Wissen um die Empfänglichkeit gegenüber den Kräften jenseits von Geburt und Tod.

In der makro-mikrokosmischen Ganzheit dieses *Mandala der bio-zyklischen Rhythmen* liegt die Grundlage für ein schöpferisches Leben. Die Unvermeidlichkeit dieser rhythmischen Abläufe entspricht einer Wahrheit, auf die der Mensch sich unausgesetzt einstellen muß; denn wenn auch der Aufbau des Zyklus verhältnismäßig konstant sein mag, sind doch seine Inhalte fortwährendem Wandel unterworfen.

Die Systeme, von denen wir sprechen, sind gewaltig in ihrem Ausmaß, und mit unserer kurzen Abhandlung darüber haben wir sicherlich nicht beabsichtigt, eine oberflächliche Haltung ihnen gegenüber einzunehmen. Wir hoffen nur, daß dasjenige, was wir darlegen, dazu ausreicht, dem Leser eine gewisse Vorstellung von der universellen Anwendbarkeit des Mandala-Prinzips und von seiner Angemessenheit zu geben, es auf ein Verständnis von Symbolsystemen anzuwenden.

Das Mandala ist ein metaphysisches Bauprinzip. Symbolsysteme sind bis zu dem Grade gültig für die menschliche Entwicklung, wie sie auf eine Möglichkeit hinweisen,

Gnaden-Wahl.

Licht, Kraft, Freude
in Erkenntniß Gottes,
Tugend u. Lobgesang.

Finsterniß, Bosheit,
Angst in Gottlosigkeit,
Sünde und Laster.

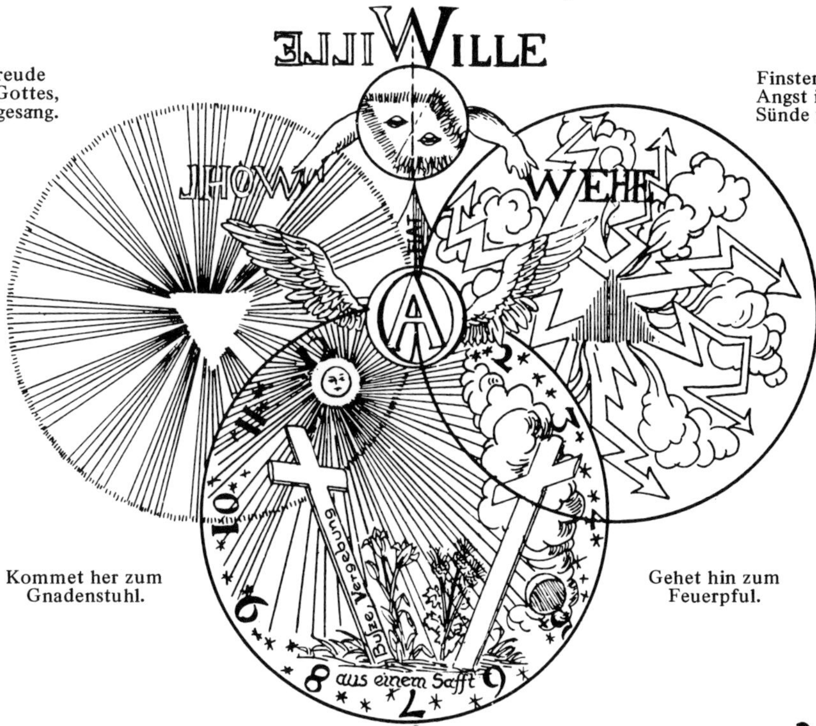

Kommet her zum
Gnadenstuhl.

Gehet hin zum
Feuerpful.

♄

Herbe, hart, kalt, strenge, scharf, sauer, zur Grobheit und Irdischheit geneigt, als in welchen Eigenschaften dessen Begierlichkeit besteht.

☉

Feuer oder Leben, halb in der Finsterniß, halb im Licht, ist die Anzündung und das Scheideziel.

☽

Der vorigen sechs geistlichen Eigenschaften gemachtes Wesen, in welchen sie so die Leiblichkeit und Bereitlichkeit, als in ihren Kasten ruhen.

♂ Angst, Hitze, darinnen stehe die Empfindlichkeit.

☿ Bitter, Ziehen und Bewegen aus der herben Qualität, welchen ein Stechen darinnen verursachet, und stehet in diesen Geist – Wesen der Beweglichkeit.

Das erstere finstere Principium, so Gott der Vater, so fern Er ein verzehrend Feuer genennet wird.

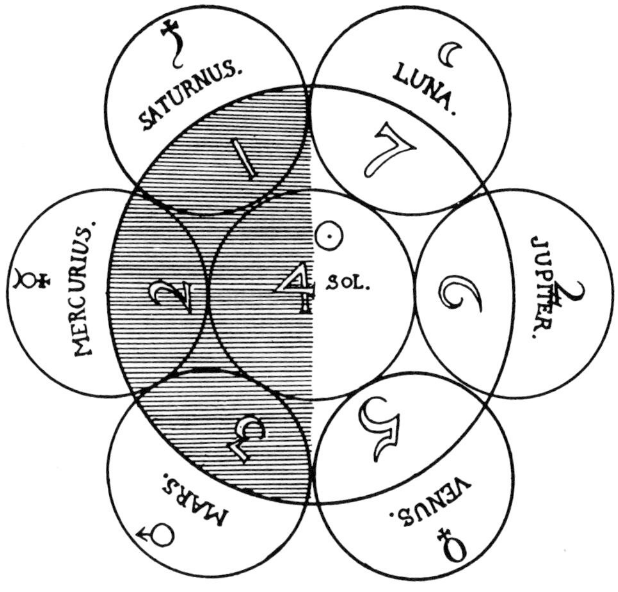

Das andere, als des Lichts Principium, so Gott der Sohn, und der ewigen Lichtwelt eigen.

♃ Ist die Kraft aus dem Lichtleben, darinnen gehet auf das göttliche Wort oder die Erkenntniß, Hall, Schall und Ton.

♀ Licht, Liebe, Feuer, welches in Oel der Gnaden brennt, und darinnen bestehet das himmlische Leben

Des Feuers Principium gehöret zur Vier=Elementischen Welt, als eine Ausgeburt aus den zwey Ersten, und ist das dritte Principium.

Wenn die drey ersten Eigenschaften des Ersten finstern Principii die Oberhand haben, so sind die übrigen in ihrem Centro verschlungen, und alle sieben böse, als Saturnus der Geiz, Mercurius der Neid, Mars der Zorn, Sol die Hoffarth, Venus die Unzucht, Jupiter die List, und Luna das Fleisch, welches die sieben bösen Geister sind, so in dem alten Menschen herrschen.

Wann aber die drey im Lichts=Principio die Oberhand haben, und aus dem finstern Centro ausgebohren sind, so sind sie nach ihrem innersten Grunde des Lichts, welches die neue Geburt im Menschen ist, alle Sieben gut, und heist Saturnus sodann die Barmherzigkeit, Mercurius das Wohlthun, Mars die Sanftmuth, Sol die Demuth, Venus die Keuschheit, Jupiter die Weisheit, und Luna Christi Fleisch oder Leib.

kreativ zu leben - der bewußte Einklang des Menschen mit den kosmischen Bewegungen, so daß sein alltägliches Leben in jeder Hinsicht ein Gefühl von Harmonie kundtut.

Eine Anordnung von Symbolen allein schafft noch nicht unbedingt ein Mandala oder einen Pfad, dem das Bewußtsein folgen könnte. Bevor nicht ein umfassenderes Prinzip mitenthalten ist, ist eine solche Ordnung ohne Leben, wie mathematisch perfekt sie auch sein mag. Die alten Alchimisten praktizierten etwas, das wir heute Wissenschaft nennen könnten. Aber ihre Wissenschaft war eine der *Orientierung* - was wörtlich Hinwendung zum Orient bedeutet, zum Osten, wo die Sonne aufgeht. Orientierung hat noch eine weitere Bedeutung, die mit auf dem Wissen um die kosmischen Koordinaten basiert, das heißt, um das *Ganze.* Ganzheitliche Wissenschaft ist da wirksam, was Einstein als eine vereinte Feldtheorie umschrieben hat - eine Formel oder ein organisches Prinzip, durch das alle die verschiedenen Prozesse und Funktionen des Universums miteinander in Beziehung gebracht werden können. Eine derartige Formel könnte auch die verschiedenen Gebiete und Techniken zusammenbringen, die unter dem weiten Begriff der Wissenschaft gefaßt werden. Weil auch die Kunst und Religion Wege des Wissens sind, würden auch sie dann organischer mit dem verbunden, was nun eher engstirnig als Wissenschaft definiert wird; und diese drei würden dann eine gnostische Einheit bilden.

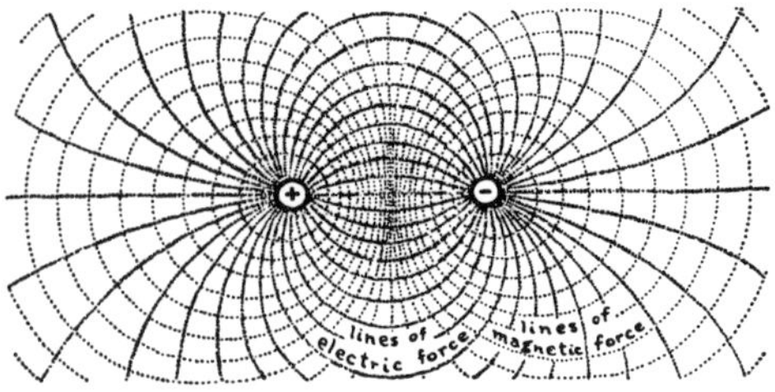

Feld-Diagramm

In einem solchen System des Wissens gibt es keine Trennung zwischen Theorie und Praxis. Seine tiefste Grundlage ist Ehrfurcht vor den schöpferischen

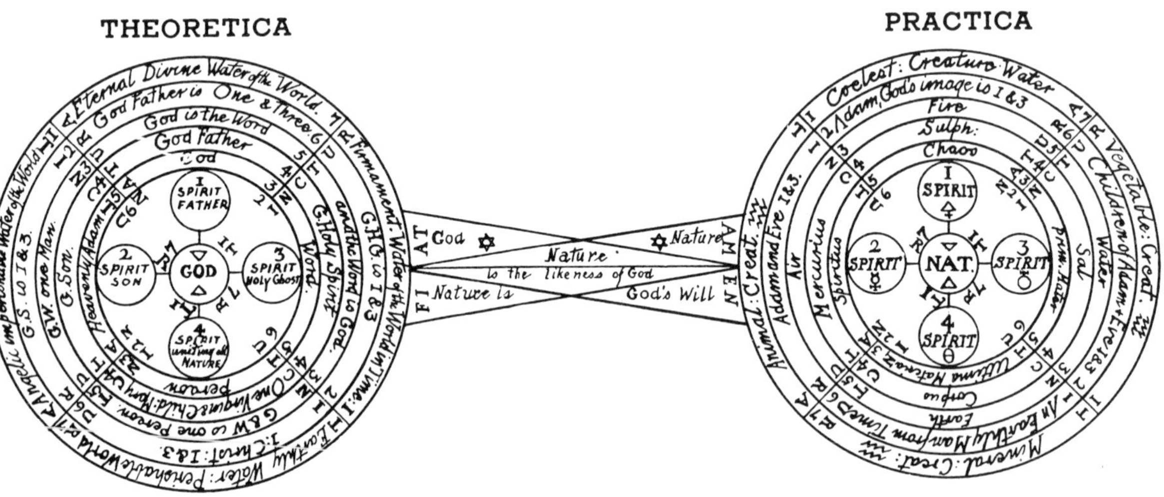

Kräften des Universums. Wenn der Mensch damit aufhört, die Natur zu verehren, ist auch seine Kenntnis der Natur nicht mehr vollständig in seinen Lebensstil integriert. Wie genau auch das Wissen des Menschen sein mag: wenn diese Entwicklung beginnt, neigt es dazu, den Gesetzen und der Wirkungsweise der Natur weniger Bedeutung beizumessen, und es mag sogar lebenszerstörerisch werden. Anstatt den Menschen zu einer größeren Harmonie mit der Natur zu führen, bringen ihn die zwar exakten, aber fragmentarischen und fragmentierenden Wissenschaften in einen Zustand der Dissonanz. Ein bekannter Kosmologe, Oliver Reiser, sagt klar über die heutige Situation aus: "Die Wissenschaftler haben die Gebiete des Wissens (Wissenschaften) nicht zu einer einheitlichen Interpretation des Menschen, seines Platzes innerhalb der Natur und seiner Möglichkeiten, eine gute Gesellschaft zu errichten, zusammengeschlossen."

Der Mensch hat die Fähigkeit, umfassender bewußt zu werden und seine Anstrengungen so zu koordinieren, um die Grundlagen seines Wissens wieder zu errichten oder tatsächlich wieder so in Einklang zu bringen, daß es ihn noch einmal auf einen harmonischen Weg führen möge. Mit Harmonie oder einem harmonischen Weg ist nicht nur das *Zusammen-Sein* aller Teile der Natur gemeint, sondern auch ein Mitschwingen all dieser Teile. Wenn der Mensch harmoniert, schwingt er bewußt mit oder versetzt sich in Einklang mit den verschiedenen Kräften der Natur und den Zyklen, die diese Kräfte schaffen. Wie die moderne Physik bestätigt hat, gibt es nichts außer Energie und davon ausgehenden Energiefeldern, die gemäß spezifischen Gesetzen entwickelt werden, Gestalt und Funktion erhalten. Diese Gesetze, obwohl festgelegt, sind universell und

Tafel 6: *Spiel der Himmelskörper.* Roberto Matiello

Tafel 7: *Die vier Sonnenhäuser.* David Villaseñor, *Tapestries in Sand*

Tafel 8:
Mahakala.
Mit freundlicher
Erlaubnis von
Samuel Bercholz.

Tafel 9:
Rad des Lebens.
Mit freundlicher
Erlaubnis von
Jack Weller.

Tafel 10: *Samvara-Mandala.* Tibetische Thangka. Mit freundlicher Genehmigung des Center of Asian Art and Culture, The Avery Brundage Collection, San Francisco, Kalifornien.

bestimmen die Seinswerdung, Wachstum, Verfall und das Versinken aller Phänomene. Das Energiefeld des Menschen ist dabei keine Ausnahme.

Die Theorie vom Menschen als einem sich ausdehnenden, mitschwingenden Energiefeld ist keineswegs neu. Im Menschen errichtet dieses Feld sichtbare, verdichtete Körperorgane - Gehirn und Nervensystem, lebenswichtige Organe, Drüsen, den Sinnesfunktionskörper selbst - wie auch unsichtbare oder ätherische Organe. Nach der Theorie der Feld-Resonanz gibt es zahlreiche vibrierende Kräfte oder ätherische Zentren, wo verschiedene Stufen von Energie konzentriert oder wie in einem Brennpunkt vereinigt werden und die einen ätherischen Körper schaffen, der dem verdichteten physischen Körper entspricht, mit ihm verwachsen ist und ihn einschließt. In der christlichen Überlieferung werden Heiligenschein und Strahlenkrone - später Aura - auf diesen feinstofflichen Körper bezogen. Die Gesamtheit von grobstofflichem und feinstofflichem Körper kann mit modernen Termini als bio-psychisches Energiespektrum beschrieben werden.

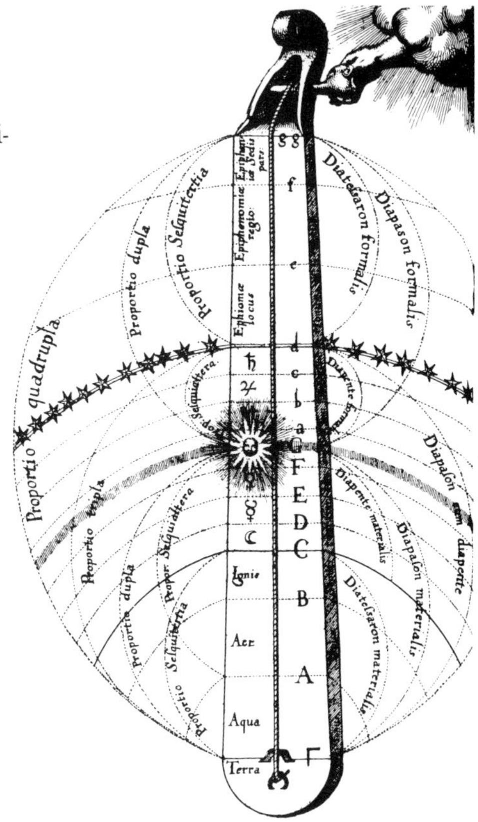

Das Göttliche Monochord

Die Gestalt dieses ausstrahlenden Energiespektrums ist kugelförmig, ein vibrierendes und pulsierendes Mandala mit zahllosen Mittelpunkten, von denen ein jeder ein qualitatives Energiefeld aussendet. Wenn sie voll entfaltet sind, schaffen diese einzelnen Zentren und ihre Felder das gesamte bio-psychische Spektrum. In vielen geheimen Systemen des Ostens und Westens werden die ätherischen Zentren mit den Chakras in Verbindung gebracht (siehe Tafel 13). Chakra bedeutet wörtlich "Kreis" oder "Rad"; es wird oftmals als ein Lotus-Mandala dargestellt. Die Wissenschaft von den Chakras macht jedoch ein neues Symbolsystem aus. Eine genau festgesetzte Reihe von Verbindungen besteht zwischen diesen sich gegenseitig einschließenden und ergänzenden Systemen: sie sind einzelne Fasern, die zu Einem verwoben sind.

Die Anzahl der Chakras variiert gemäß der jeweiligen Tradition. Die Hopi-Indianer nahmen zumindest fünf feinstoffliche Zentren wahr. Diese schließen den "Eingang" oben auf dem Kopf ein, wo die Energie in den Körper gelangen kann sowie vier niedere Zentren: das Gehirn oder Verstandeszentrum; die Kehle, das Zentrum von Sprache, Atem und Klang; das Herz, grundlegendes Lebenszentrum; und den Solarplexus, auch bekannt als der *Thron des Schöpfers*.

In der hinduistischen Überlieferung gibt es noch zwei zusätzliche Zentren unterhalb des Solarplexus - das *Svadhisthana*, das mit den Sexualfunktionen verbunden wird, und das *Muladhara*, das in dem Bereich des Endstücks der Wirbelsäule liegt. Das *Muladhara* wird auch als Zentrum der vitalen Urenergie oder *Kundalini*, Schlangenkraft angesehen. Im Gegensatz zu den Hopis unterstreicht das hinduistische tantrische System der Chakras die Notwendigkeit, Energie vom untersten Zentrum emporsteigen zu lassen zum höchsten, dem *Sahasrara* oder "tausendblättrigen Lotus" am Kopfende. In der hinduistischen Lehre stellt man sich die ersten fünf Chakras (von unten hoch) als Perlen vor, die auf einen Faden, *chitra nadi*, aufgezogen und innerhalb des *susumna* enthalten sind. Das *susumna*, eine feinstoffliche Achse, läuft mit der Wirbelsäule parallel. Wenn es das sechste Chakra - das *Ajña* - verläßt, erreicht das *susumna* den Höhepunkt im *Sahasrara*. Beim Hinaufsteigen an diesem Pfeiler läßt sich jedes nachfolgende Chakra mit immer mehr verfeinerten, subtileren Funktionen, Energieformen und Seinsbereichen in Verbindung setzen. Die feinstofflichen Zentren sind auch eng verbunden mit den zahlreichen Drüsensystemen, lebenswichtigen Organen und Nervenzentren des physischen Körpers.

Obwohl das tibetische System der Chakras sich in seiner Terminologie, allgemeinem philosophischen Zugang und Festlegung der Zentren aus dem hinduistischen entwickelt hat, zeigt es interessante Ähnlichkeiten mit dem Hopi-System: beide erkennen fünf Zentren an und betonen ein *Herabsteigen* von Energie durch das Kopfende. Auf der anderen Seite sollte hervorgekehrt werden, daß die tibetische Überlieferung die beiden oberen und die beiden unteren Chakras aus dem hinduistischen Tantrismus miteinander verbindet, während die Chakras der Hopis im allgemeinen den fünf obersten der hinduistischen Tradition entsprechen.

Okkulte westliche Überlieferungen erkennen die sieben Chakras an, wie sie im hinduistischen System beschrieben werden. Die Rosenkreuzer und Theo-

SOUTHERN CIRCUMPOLAR MAP
for each Month in the Year.

Engraved by W. G. Evans N. York. under the Direction of E.H. Burritt.

sophen ordnen die Zentren nicht notwendigerweise auf einer Rückenmarkachse an, sondern vielmehr näher an den Nervenzentren des physischen Organismus, mit denen die Chakras in Verbindung gebracht werden, das heißt Milz, Solarplexus, Herz, Schilddrüse und Hypophyse. Im Gegensatz dazu ist das chinesische System ziemlich kompliziert; es basiert auf einer kreisenden Bewegung vom Scheitelpunkt des Kopfes bis zur Wurzel der Wirbelsäule - der Pforte des Todes - und wieder zurück nach oben. Einige der wichtigsten Zentren sind der "Ofen", der im niederen Unterleibsbereich angesiedelt wird; das Haus des Feuers oder das Herz; und der "Kostbare Kessél", der zum Scheitelpunkt hin liegt. In den Systemen, die wir erwähnt haben, wird eine große Fülle an Farben, Klängen, Funktionen, Urstoffen und Symbolen mit einem jeden Zentrum assoziiert.

Bedeutsam an dem System der Chakras ist, daß es - wie die Astrologie oder das *Buch der Wandlungen* - eine Sicht des Menschen als Mikrokosmos darstellt. Die grobstoffliche wie die feinstoffliche Achse des Menschen entspricht der Weltenachse. Der ätherische Pfeiler dieser Achse kann als der Mittelpfeiler eines mitschwingenden Energiefeld-Mandala vorgestellt werden. Die Energiequellen entlang dieser Achse sind die Chakras, von denen jedes pulsiert und ein Wirbelfeld von einer bestimmten Energiequalität aussendet. Obwohl diese Wirbel recht zahlreich sind, arbeiten sie bei voller Wirksamkeit gemäß dem hierarchisch aufgebauten Resonanzprinzip. Wenn jedes aufeinanderfolgende Zentrum aktiviert ist, bedeutet dies, daß sein Schwingungston die Töne all jener Zentren mit enthält, die unter ihm liegen und auf denen es aufbaut. Aber wie in der Musik hat jeder Ton seine Obertöne, und so kann ebenfalls gesagt werden, daß der niederste den höchsten enthält.

Psychische Zentren und ein entsprechender ätherischer Körper sind allgemein anerkannt. Innerhalb der verschiedenen Systeme variiert die Zahl und Funktion dieser Zentren ebenso wie die Theorien und Praktiken, die die Aktivierung und Richtung des Energiestroms durch die Zentren betreffen, beachtlich. In besonderen kulturellen und geographischen Situationen werden unterschiedliche Energien als zugehörig zur menschlichen Weiterentwicklung bewertet.

Die allgemeine planetarische Bedeutung, die Chakras als angeborenes Merkmal der Gattung anzuerkennen, liegt darin, daß damit eine Grundlage für ein umfassendes System der menschlichen Harmonielehre geschaffen ist. Die harmonisierte Energie entspricht einem Feld, worin der menschliche Körper umschlossen ist - ebenso wie der Embryo von der Placenta umgeben wird.Dies ist das Aura- oder Bewußtseinsfeld. Demnach ist der Mensch in seinem gegenwärtigen Zustand potentiell dazu in der Lage, dieses Feld wirksam werden zu lassen; aber die Energien, die für eine solche Aktivierung notwendig sind, liegen noch ungenutzt oder sind bestenfalls zufällig oder wahllos geweckt worden, und dies oftmals zum Nachteil des Organismus. Wenn die Chakras bewußt aktiviert werden, wird das Individuum zum Mittelpunkt eines dynamischen, ausstrahlenden, sich selbst ergänzenden Mandala.

Die Vorstellung von der Harmonisierung des Menschen durch die Belebung der psychischen Energiezentren stellt eine radikale Abkehr von den meisten zeitgenössischen Theorien und praktischen Verfahrensweisen dar, die den menschlichen Organismus betreffen. Zu einer Ordnung menschlicher Harmonielehre gehört die Vorstellung, daß der Mensch selbst die größte Energiequelle ist, die er benötigt - nicht nur, um sich zu erhalten, sondern auch zur Heilung und Regeneration. Oder, wenn wir auf die Definition des "organischen Lebens" verweisen, so bedingt das Ganz-Sein des Menschen die wechselseitig verbundene Tätigkeit dreier Grundfähigkeiten: Selbst-Erhaltung, Selbst-Regeneration, Selbst-Verwirklichung.

In dieser Vision vom Menschen sind die Chakras ein System von bio-psychischen Schwingungsträgern. Der Einklang mittels dieser Schwingungsträger mag ein Weg dazu sein, daß der Mensch eine wirksamere und direktere Verbindung mit den schöpferischen Kräften des Kosmos herstellt. Würden die Menschen Ideen wie diese verfolgen, könnte ohne Zweifel die Basis für ein neues ganzheitliches System von Weisheit und Wissenschaft geschaffen werden; dies wäre ein System, das sich gegenüber der heutigen Wissenschaft so verhalten würde wie die heutige Wissenschaft gegenüber den Methoden, mit denen zur Stammeszeit der menschlichen Entwicklung vorgegangen wurde. Der Mensch ist eine Durchgangsstufe, ebenso ein Vermittler von Umwandlungsprozessen wie auch der Stoff, der umgewandelt wird. Dieser Umwandlungsvorgang kann nur mittels der wie in einem Brennpunkt vereinten Energie eines neuen Symbols oder Abbilds des gesamten Prozesses in Erscheinung treten, in den sich der Mensch nun selbst einbezogen findet. Durch seine Universalität stellt das Mandala zumindest die Grundstruktur für ein solches Symbol bereit.

Das Verstehen der ursprünglichen Symbolkraft des Mandala kann nicht nur zu größerer Bewußtheit, sondern letztlich zu einer Verwandlung eben jener Art und Weise führen, in der der Mensch auf die Welt mit all ihren Impulsen antwortet. Dies ist die Alchemie der Symbole, deren Quelle die Kraft ist, die dem Mandala, der Mutter der Symbole, innewohnt. Als der Mutterboden für die Symbolsysteme liefert das Mandala nur die Metaphysik des rituellen Vorgangs: die Umwandlung zum spirituellen Menschen. Was bleibt, ist noch die Handlung als solche, der Ritus, ohne den es kein neues Wissen geben kann.

Der Mensch ist ein Symbol, wie ein Gegenstand oder eine Zeichnung. Dringe bis zur äußeren Botschaft des Symbols vor und du wirst dich selbst einschläfern . . . Innerhalb des Symbols gibt es ein Muster, das sich bewegt. Versuche dieses Muster zu erkennen. Um dies zu tun, brauchst du einen Führer. Aber bevor er dir helfen kann, mußt du darauf vorbereitet sein, indem du gegenüber dem Objekt deiner Suche Aufrichtigkeit übst. Wenn du Wahrheit und Wissen suchst, wirst du sie erlangen. Wenn du nur etwas für dich alleine suchst, magst du es zwar erlangen, aber alle höheren Möglichkeiten für dich verlieren.

Kwaja Pulad von Erivan

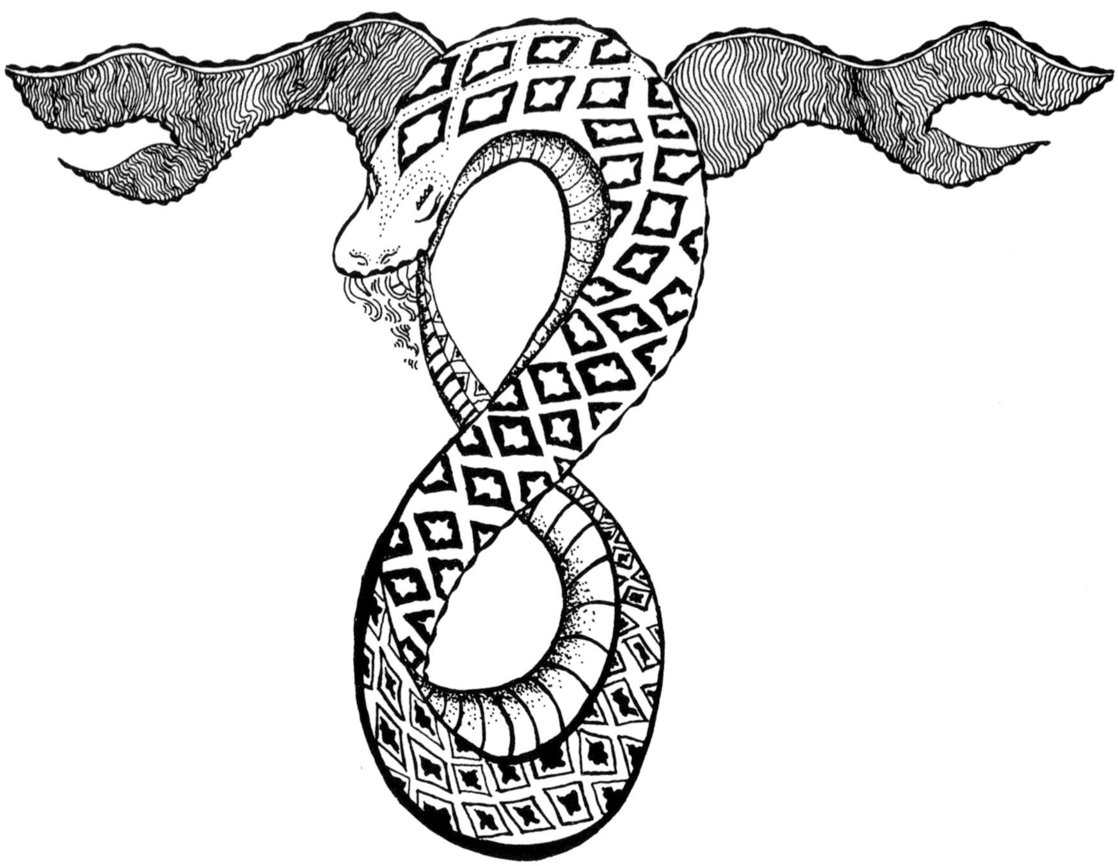

Ich bin
das Zentrum
Ich bin
der Punkt
von dem jede Richtung ausgeht
Ich bin
das Samenkorn
aus dem die Zeit erwächst
und um mich herum strömt
An Tagen ohne Zahl
umgeben mich tausend Sonnen
und ich bin die Sonne
die im Zentrum brennt
Ich bin
meine Strahlen dringen nach außen
und durchdringen die Nacht
Ich bin
eine Million von Edelsteinen,
aufleuchtend in meinem Sonnenlicht

Ich bin
die Vergangenheit und Zukunft
verbunden zum ewigen Flug
Ich bin
der Morgen und der Abend
In meinem ewigen Licht
bin ich
und doch lodert
das schweigende Geheimnis des
"Ich bin nicht"
immerfort in mir
und ich beuge mich nieder
Ein schweigendes Zeugnis
für das
was in mir
immerfort lernt
immerfort lodert
immerfort sich wandelt

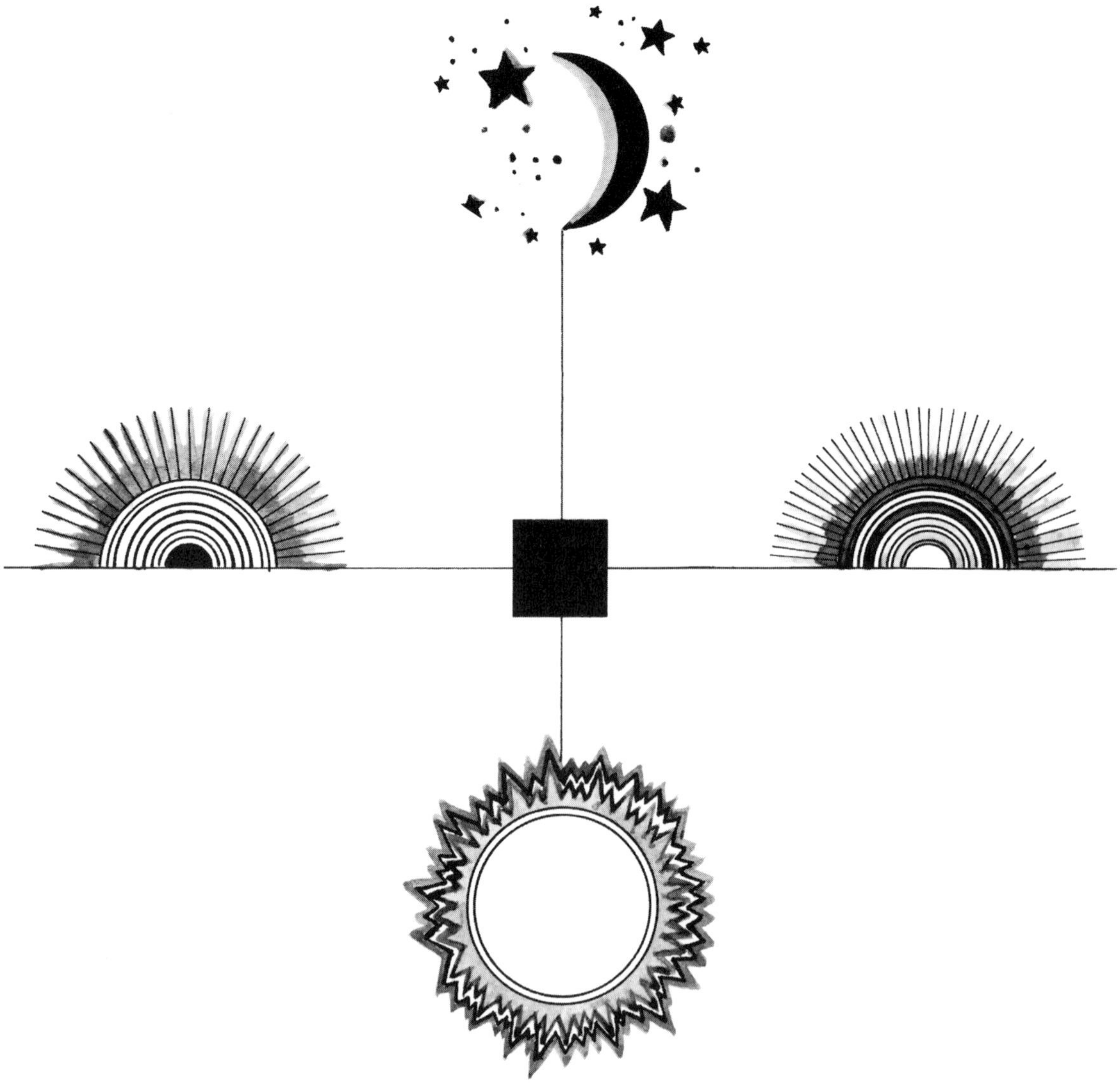

Anmerkungen

Das *I Ging* ist eine grundlegende Hilfe, um Tiefe und Ausmaß des Mandala als Schlüssel zu Symbolsystemen zu bestimmen. Das trifft vor allem auf den Inhalt von Buch II in der Wilhelm-Ausgabe des *I Ging* zu (Düsseldorf, Köln: Diederichs, 1950 ff.), S. 239-338. Es enthält das "Schuo Gua oder Besprechung der Zeichen (*pa kua*) und das "Da Dschuan oder Die große Abhandlung", worin die Prinzipien und Grundlagen des *Buches der Wandlungen* besprochen und dargelegt werden. Ein technischer Punkt, der der Klärung bedarf, ist unser Gebrauch der chinesischen Termini *pa kua* für "Trigramm" (Zeichen) und *kua* für "Hexagramm". Wie Dr. Khiengh Dhiegh vom International I Ging Institute (Los Angeles) aufgezeigt hat, ist es unrichtig und irreführend, die Grundsymbole des *I Ging* "Trigramm" und "Hexagramm" zu nennen, weil das Suffix -gramm eine geometrische Figur von Linien bezeichnet, die sich berühren oder kreuzen, während die Linien der *kua* parallel verlaufen. *Kua* bedeutet wörtlich "Linie" oder "Zeichen"; *pa* bedeutet acht. Weitere Texte, die sich mit chinesischen Symbolsystemen beschäftigen, sind das schon angeführte *Tao Te King* von Lao Tse; und Lu K'uan Yus *Taoist Yoga; Alchemy and Immortality.* Das bei weitem beste Quellenbuch in diesem Bereich ist Fu Yu Lan, *A History of Chinese Philosophy* (Princeton: Princeton University Press, 1953).

Die folgenden Texte beschäftigen sich mit den Symbolsystemen der amerikanischen Indianer: John Neihardt, *Schwarzer Hirsch - Ich rufe mein Volk* (München: Deutscher Taschenbuch-Verlag, 1962); John Epes Brown (Hrsg.), *Die Heilige Pfeife; die sieben geheimen Riten der Sioux-Indianer* (Olten u. Freiburg i.Br.: Walter, 1956); Laurette Sejourné, *Burning Water; Thought and Religion in Ancient Mexico* (New York: Grove Press, 1960); und Frank Waters, *Book of the Hopi* (New York: Viking Press, 1963).

Einige der zahlreichen Systeme der Sufis werden beschrieben und erörtert in: Titus Burckhardt, *Vom Sufitum* (München-Planegg: O.W. Barth, 1953); den verschiedenen Arbeiten von Idries Shah, u.a. *The Sufis* (New York: Doubleday, 1964) und *The Way of the Sufi* (New York: E.P. Dutton, 1970); Hazrat Inayat Khan, *The Sufi Message and the Sufi Movement* (London: Barrie and Rockliff, 1964); und Abu Bakr Siraj Ed-Din, *The Book of Certainty* (New York: Samuel Weiser, 1970).

Das Thema Alchemie wird behandelt in: Ralph Metzners *Maps of Consciousness*, S. 82-105; dem schon zitierten Text von C.G. Jung, *Psychologie und Alchemie;* Titus Burckhardt, *Alchemie* (Olten u. Freiburg i.Br.: Walter, 1960); Mircea Eliade, *Schmiede und Alchimisten* (Stuttgart: Klett, 1960); und P. Manley Hall, *The Secret Teachings of All Ages* (Los Angeles: The Philosophical Research Society, Inc., 1969).

Für den Bereich der Astrologie ist Dane Rudhyar unsere hauptsächliche Quelle. Seine *Astrology of Personality* haben wir bereits erwähnt und empfehlen noch seine sechsbändige Reihe *Humanistic Astrology.*

Die Chakra-Systeme werden abgehandelt in *Die Schlangenkraft* von Sir John Woodroffe; Ajit Mookerjees *Tantra Kunst;* Lama Govindas *Grundlagen tibetischer Mystik;* und C.W. Leadbeaters *Die Chakras* (Freiburg i.Br.: H. Bauer, 1965). Zusätzliches Material über die Chakras kann in den weiter oben erwähnten Büchern von Frank Waters, *Book of the Hopi* und Lu K'uan Yu, *Taoist Yoga* gefunden werden. Die Chakra-Darstellung (Tafel 13) entstand unter der Anleitung von Baba Hari Dass.

Für Untersuchungen und allgemeine, mit dem Mandala als Schlüssel zu Symbolsystemen verbundenen Vorstellungen: Mircea Eliade, *The Two and the One* (New York: Harper Torchbooks, 1969), besonders Kapitel 5, "Observations on Religious Symbolism", S. 189-211; Oliver Reiser, *Cosmic Humanism* (Cambridge: Schenkmann Publishing Co., 1966); Charles T. Tart, *Altered States of Consciousness* (New York: John Wiley & Sons, 1969); und Dane Rudhyar, "Consciousness as Self-Reflecting Power Within an Auric Field" (unveröffentlichtes Manuskript).

Die Smaragdene Tafel des Hermes Trismegistus (Seite 63), die Alchimistischen Diagramme (S. 71 und 72) und das Göttliche Monochord (Seite 73) sind entnommen aus *A Christian Rosenkreutz Anthology,* zusammengestellt und herausgegeben von Paul M. Allen (Rudolf Steiner Publications, Blauvelt, New York, 1968).
Die astrologische Tafel dank Dane Rudhyar. Das Felddiagramm (S. 73) ist aus *Music of the Spheres,* Band II, von Guy Murchie (Dover Publications, Inc., New York, 1961).

Eins zu werden wie die

der Sonne zugewandte Blume

V

Das Ritual des Mandala

Zu Ihm, der der Herr der Mitte ist
Der diamantene Wirker
Der unsichtbare Vater der Sonne
Sitzend auf dem Throne der Archetypen
Märchenerzähler aus der heiligen Nacht
Träumer der Wunschträume aller Menschen
Lehrer der zwölffachen Riten der Sonne
Träger des Buches der Tage
Samen der Namen aller Dinge
Seher allen Eintritts und Abschieds
Er, der die Elemente und Jahreszeiten in Bewegung bringt
Und der alle Schöpfungen mit dem Regenbogen umgibt ...

Dich, o Namenloser, rufen wir an:
Betritt unsere Herzen und sprich durch uns
Verleihe uns die Schau der Einheit
Lehre uns das Wissen um die Ganzheit
Mache uns wieder mit dem Ritus des Mandala vertraut

Höre uns, o Herr der Mitte
Bewahrer des leuchtenden Gesetzes
In unserem Schweigen mag deine Stimme klar ertönen

Wir sind wie die Samenkörner:
Nur Du, der Du den Himmel durchwanderst,
Kannst uns den Weg zeigen
Unsere Füße müssen ihm auf dieser Erde nachfolgen
Nur Du kannst uns heilen und wieder ungeteilt machen
Nur durch Demut Dir gegenüber
Können wir uns heilen und wieder ungeteilt machen
Mögen wir so noch einmal auf den Pfad der Schönheit,
Den "Heilen Weg" geführt werden.

Der Mensch verändert sich, und die Welt um ihn herum verändert ihn beständig - ob es nun seine eigene, "von Menschenhand geschaffene" Welt ist oder die natürlichen Kräfte und Elemente, die dieser Welt zugrundeliegen und sie durchdringen. Kaum ist ein Baustein der Welt in seinem Kopf geschaffen, wird er auch schon wieder zerstört. Die Natur vereitelt und verschlingt die Träume des Menschen. Oder ist es der Mensch selbst, der sich und seine Ideen unbewußt durch einen blinden Fleck in seinem Gefüge ständig aufs Spiel setzt? Wenn er über die vergängliche Natur der Dinge reflektiert, könnte der Philosoph den Schluß ziehen, daß der Versuch hoffnungslos sei, die Natur beherrschen zu wollen. Freier Wille bedeutet gar nichts, wenn der Mensch nicht die Natur dessen begreift, was vor ihm liegt und daß dies unermeßlich mehr ist als er selbst. Der gesunde Menschenverstand würde wahrscheinlich das hervorragende Gebot der Unterwerfung angesichts jener ungeheuren Realität auferlegen, die der Mensch bewältigen muß.

Stelle dir nichts vor, denke, analysiere, meditiere, handle nicht;
Lass den Geist in seinem natürlichen Zustand.

Tilopa

Das Ehrfurchterregende an der Natur ist auf Ordnung prädiziert und dem Wandel unterworfen. Einklang mit den Gesetzen, durch welche die Kräfte der Natur geordnet werden, wachsen und vergehen, kann jenen Sinn verleihen, wonach der Mensch immer in seinem Leben sucht. Wissen durch Einklang mit den höheren Gesetzen der Natur ist ähnlich "dem Ziel jenseits aller Theorien".

Unterwirf dich selbst und stelle die vorschriftsmäßige Ordnung wieder her.

Konfuzius

Das vorgeschriebene Ritual ist nicht nur eine Angelegenheit des Tuns, sondern, viel wesentlicher, der Ehrerbietung, der Unterwerfung. Es kann als eine psychologische Technik zur Erforschung und Synthese des Seins angesehen werden. Das vorgeschriebene Wissen ist nicht notwendigerweise aufzählend und diskursiv, sondern eher umgestaltend. Es begleitet wesentliche Übergangsstadien wie Geburt, Pubertät, Heirat oder Tod und verursacht eine qualitative Veränderung innerhalb des Organismus. Alle Lebewesen erfahren diese Veränderungen auf die eine oder andere Weise - gerade die Begriffsbestimmung von Leben bewegt sich in ununterbrochener Reihung von einer Transformation zur anderen. Durch das Ritual gelangt der Mensch auf eine stärker integrierte Ebene des organischen Seins, es zeigt sich die gleiche instinktive Sicherheit wie bei den zahlreichen Lebewesen des Tierreiches. Beim Menschen ist das Ritual in dem intuitiven Bereich der Vision verwurzelt - seiner tieferen Natur. Es findet bei jenen kritischen Augenblicken im Leben Anwendung, wenn die Ordnung der Dinge klar gesehen werden muß und es dem Glanze des Höheren Lichtes ermöglicht werden soll, durch die gereinigten Kanäle hindurchzuscheinen.

Kosmische Veränderungen - Sonnwenden, Mondverfinsterungen, Verschiebungen der Erdachse, die Zyklen des Mondes und gewisser Sterne und Planeten - bewirken auch eine Veränderung im Zustand des Organismus. In den früheren Kulturformen sind diese Übergänge, gemeinsam mit den gewohnten natürlichen, dem Lebensprozeß durch das Ritual eingegliedert worden. Das Ritual ist der überlieferte Weg gewesen, menschliches Wirken bewußt in Übereinstimmung mit den Gesetzen der Natur zu halten. Die Zielsetzung des Rituals liegt darin, den Menschen zum bewußteren Vermittler kosmischer Energien zu machen. Ein Ritual führt den Organismus zu einer erweiterten und intensivierten Teilnahme an den Schöpfungen des Universums.

Das Ritual bildet die Grundlage dessen, was wir früher als "organisches Leben" umschrieben haben. Es ist das Bindeglied von Kultur und bestimmt für den Menschen - mittels des Menschen - seinen Standort in der Natur und die Natur dieses Standortes, so daß es eine harmonische Wechselbeziehung zwischen der Kultur und ihrer Umwelt geben kann, eine nahtlose Einheit aus beiden.

Die allgemeine Form des Rituals, wie auch die charakteristische Gestaltung organischer Kultur, ist ein Mandala. Das Wesen des Mandala zu verstehen, ist ein Schlüssel für das Verständnis des Rituals als eines universellen Prozesses. Es gibt vielerlei Rituale, und selbst jene, die sich spezifisch mit der visuellen Vergegenwärtigung oder der Konstruktion eines Mandala beschäftigen, sind von großer Vielfalt: Mandalas für Meditation, Heilung, Initiation in die Pubertät, Geburt, Übergang des Toten, Schutz gegen Unheil oder Krankheit, für Frieden und Gebet; Mandalas, die die Lehren der großen Meister in sich enthalten; Mandalas, die den großen Wandlungen der Natur geweiht sind.

Obwohl wir nicht zu anderen Kulturen gehen und ihre organisch entwickelten Rituale übernehmen können, so können wir doch ihre besonderen kulturellen Ausgestaltungen beobachten und erforschen und von ihnen gewisse allgemeine Prinzipien ableiten, die die rituelle Anwendung des Mandala betreffen. Der Zweck eines solchen Bemühens liegt darin, diese Prinzipien zur Hilfe heranzuziehen, um die Arten von Ritualen zu entdecken, die unserer besonderen kulturellen und historischen Situation entsprechen. Auf Grundbegriffe allein kann man sich für die Schaffung eines Rituals nicht stützen - denn das Wesentliche beim Ritual ist eine Eingebung, die in der tieferen Natur des Menschen begründet liegt. Wenn der Mensch sich von der Quelle, seiner Mitte, entfremdet hat, dann besteht das Ziel des Mandala-Ritus für unsere Zeit darin, als primäres Werkzeug zur Erforschung und Öffnung dieser Mitte genutzt zu werden, um dem Individuum wieder eine Identifikation mit den kosmischen Kräften und ihrem Ursprung zu gewähren.

Wir wollen zwei Dinge tun: eine Beschreibung der allgemeinen Grundbegriffe des rituellen Gebrauchs des Mandala geben, die im wesentlichen aus tibetischen und Navajo-Quellen abgeleitet ist; und einige grundlegende Meditationen, visuelle Anleitungen und Übungen für Einzel- und Gruppenpraxis vorschlagen.

Grundsätze

. . . das Mandala zeichnet eine geheiligte Oberfläche, und schützt sie vor Einbruch zersetzender Kräfte . . . Doch es handelt sich um mehr als nur um eine geheiligte Oberfläche, die zu ritualen und liturgischen Zwecken reingehalten werden muß. Es ist in der Tat ein Kosmogramm, das wesentlichste Schema des Universums, wie es in einem Prozeß der Emanation und Resorbtion erscheint - das Universum nicht nur in seiner unbeweglichen räumlichen Ausdehnung, sondern in ständiger zeitlicher Revolution. Beides als vitaler Prozeß, der von einem wesenhaften Prinzip ausgeht und sich um eine Achse der Mitte dreht, . . . die axis mundi, auf die sich der Himmel stützt und deren Fundamente im geheimnisvollen Urgrund ruhen.“

G. Tucci

Dies ist der Kerngedanke, die Bestandteile des Vorgangs sind:

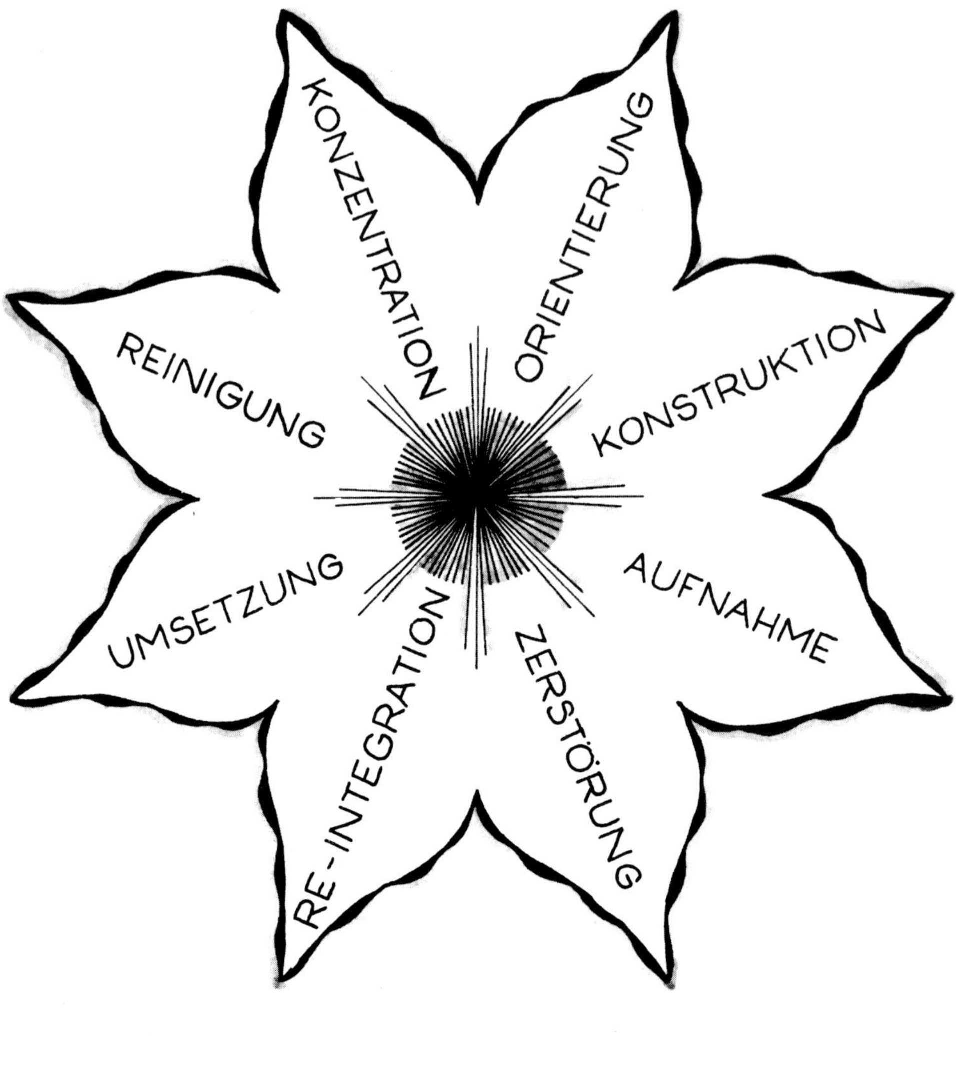

Reinigung

Reinigung kann vielerlei Formen annehmen und hat viele Intensitätsgrade. Von primärer Bedeutung dabei ist die Erkenntnis ihrer Notwendigkeit. Wenn der menschliche Organismus mit einem höchst verfeinerten, tongebenden und empfangenden Gerät verglichen wird, kann die Reinigung als ein Säubern der Grundbestandteile angesehen werden; so entsteht keine atmosphärische Störung zwischen den Organen, die den Empfang von weit her hindern könnte. Dies bedeutet oftmals ein vollständiges Reinigen des Körpers; zumindest keine Einnahme toxischer Stoffe, in einigen Fällen nicht einmal feste Nahrung oder gar Flüssigkeit für eine bestimmte Zeitspanne. Reinigendes Fasten vermittelt zu Anfang eine Bewußtheit des Körpers und seiner Anforderungen; und weil zum zweiten das Bewußtsein nicht durch die körperlichen Bedürfnisse gehemmt wird, wird so ein unmittelbarer Kontakt mit den spirituellen Kräften möglich.

Nach der Überlieferung der nordamerikanischen Indianer wird beispielsweise drei oder vier Tage vor einem wichtigen Ereignis gefastet - eingeschlossen die Schöpfung einer Sandmalerei. Die Indianer wissen, daß jegliches anhaltendes Fasten außerordentlich förderlich für Visionen ist; es wird häufig von Gebet begleitet. Darum ist die Reinigung ein solch unerläßlicher Aspekt für die Erforschung der Vision bei den Eingeborenen Amerikas. Reinigung hat den weiteren Effekt, die Sinne anzuregen, damit sie während des rituellen Vorgangs empfänglicher sind.

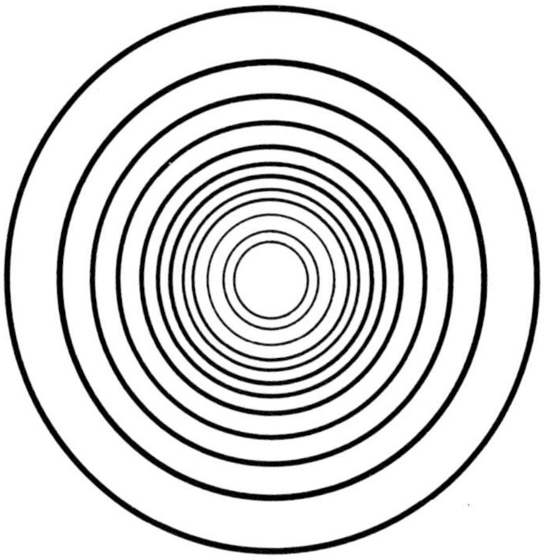

Konzentration

Ganz eng verbunden mit der Wirkung der Reinigung von Geist und Körper ist Konzentration oder Meditation. Es ist eine Kon-Zentration - ein Konzentrisch-Machen - der aus dem Organismus ausströmenden Energien, indem sie nach innen gekehrt und durch einen Mittelpunkt vereinigt werden. So werden die biopsychischen Energien buchstäblich wieder in den Kreislauf zurückgeführt. Jede Tätigkeit, die einen solchen Effekt erreicht, ist eine Form der Konzentration - dies gilt häufig für das Kunsthandwerk: Keramik, Bildhauerei, Perlarbeit, Weberei und Malerei. Die Finger des Webers und die Hände des Töpfers werden aufgrund einer inneren Schau bewegt, die von einem Ruhepunkt im Innern ausgeht; das endgültige Kunstwerk ist nichts weiter als eine in Erscheinung umgesetzte Gestalt der Energien, die von jenem Ruhepunkt zur Seele, zu den Augen und Fingern des handwerklich Schaffenden ausstrahlen.

Sei still, o mein Herz, sei still und erfahre Gott.

Zumeist wird eine Stellung im Sitzen, sei es auf einem Stuhl oder in einer Form der Lotus-Haltung der Yogis, als notwendige Vorbedingung für Konzentration angesehen. Sie sollte in einem ruhigen Raum oder einer natürlichen Umgebung ausgeführt werden. Der Konzentrationsvorgang bringt ein langsames Abfallen von Sorgen und Beunruhigung mit sich, wenn versucht wird, sich auf einen Mittelpunkt zu konzentrieren und das Bewußtsein in Ruhe zu halten. Oftmals werden Konzentrationsobjekte zur Hilfe herangezogen. Solche Hilfsmittel können etwa ein schweigend wiederholtes Mantram einbeziehen:

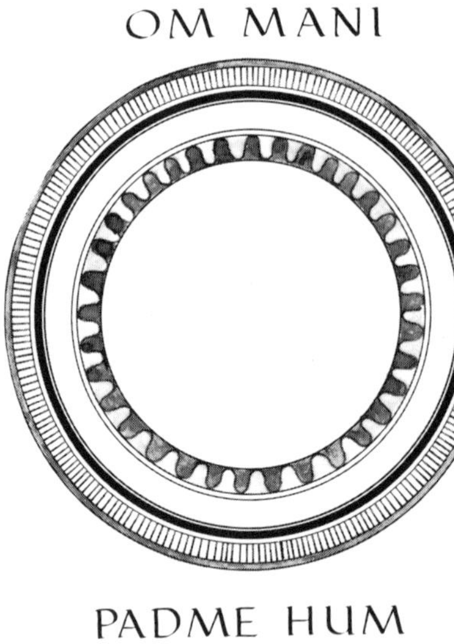

Visuelle Konzentrationsbilder können eine einfache Sonne oder Blume darstellen, die das geistige Auge zeichnet oder ein komplexeres Lineargebilde wie ein *Yantra.* Ein anderes Hilfsmittel ist das Labyrinth, das den Geist wirkungsvoll zu seinem zentralen Ursprung zurückzieht. Diese Techniken können das Bewußtsein geradezu in einen tranceähnlichen Zustand großer Beweglichkeit und Empfänglichkeit versetzen; darin liegt das Wesen der Mitte begründet: fließend, nicht festgelegt, heiter und glückselig.

Die hauptsächliche Aufgabe der Konzentration liegt darin, den Geist in seinem natürlichen, "ungeschaffenen" Zustand - ohne Gestalt oder Identifizierung - zu erkennen und ihn über die sogenannte Meditationsphase hinaus zu verwirklichen.

Vor der Erleuchtung,
Holz hacken und Wasser tragen;
Nach der Erleuchtung,
Holz hacken und Wasser tragen.

Zen-Ausspruch

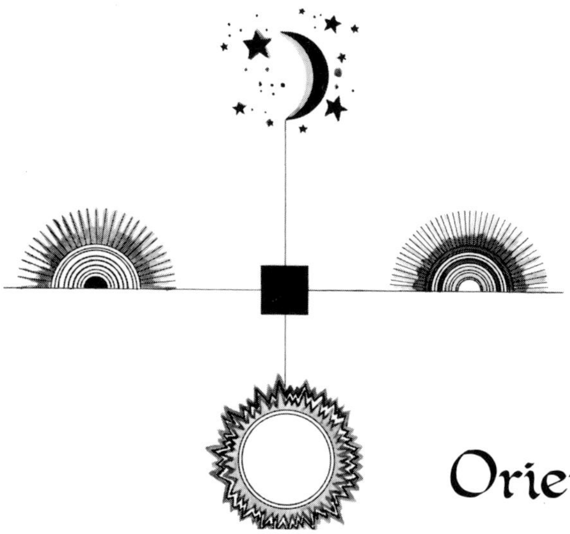

Orientierung

Die Konzentration schafft gewöhnlich ein in sich zusammenhängendes und gegliedertes Feld-Muster. Der Vorgang, diese Feldstruktur zu gestalten und sich zu vergegenwärtigen, wird "Orientierung" genannt. Sie erfordert einen zentralen Standort. Um die aufgehende Sonne zu erleben, ist ein Bewußtseinspunkt erforderlich, der von der aufgehenden Sonne selbst genau festgelegt wird. Von diesem Punkt aus werden dann die anderen Kardinalpunkte bestimmt - Ost, Süd, West und Nord. Dieser Vorgang weiht. Zu weihen bedeutet, heilig zu machen, etwas hervorheben im Sinne von sich hinzugeben. Der Bereich des gerade vorliegenden Mandala, sei es auf der Erde, auf Papier oder Leinwand, ist der Raum, auf dem, in dem und durch den Opfer und Hingabe stattfindet. In vielen Ritualen der amerikanischen Indianer wird die Erde, auf der jeglicher bewußte Akt sich vollziehen soll, geweiht durch das Erheben der Heiligen Pfeife in die sechs Himmelsrichtungen (zu Nord, Süd, Ost und West noch oben und unten) und durch die Anrufung der Geister dieser Himmelsrichtungen:

O unser Vater, der Himmel, höre uns und mache uns stark
O uns're Mutter, die Erde, höre uns und gib uns Unterstützung
O Geist des Ostens, sende uns deine Weisheit
O Geist des Südens, mögen wir deinen Lebenspfad beschreiten
O Geist des Westens, mögen wir immer bereit sein für die große Reise
O Geist des Nordens, reinige uns mit deinen reinen Winden

Die Orientierung kann genauso gut durch Tanz vor sich gehen. Im tibetischen Yoga des Nicht-Ich wird die Orientierungszeremonie durch einen Tanz und Gesang der fünf Richtungen ausgeführt:

Schlag ich im östlichen, übermenschlichen Reiche den Takt,
Tanzen die Helden und Heldinnen auf mondgeformter Arena
Beim Klange der Flöte der spiegelklar strahlenden Weisheit.
Es streifen die Füße die Leiber der königlichen Dämonen,
Sinnbildern von Haß und Zorn.

Hum Hum Hum
Phat!

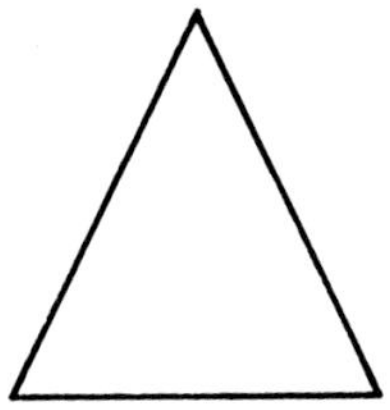

Ist Tanzplatz der südliche Weltteil der Menschen,
Auf dreiseit'ger Bühne dreh'n Helden und Heldinnen sich,
Sie streifen die Häupter des Stolzes, verkörpert im Herrscher des Todes,
Grell wirbelt die Schädeltrommel vom Wissen des Gleichsinns.

Hum Hum Hum
Phat!

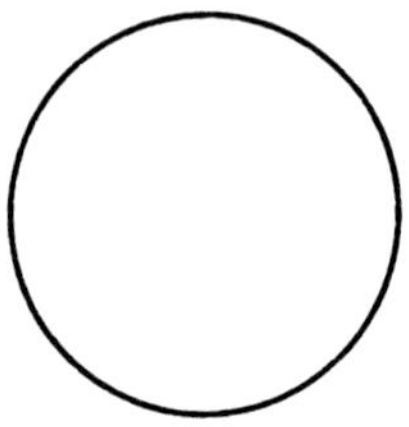

Erblicket den Reihen der westliche Weltteil, gesegnet mit Vieh,
Auf kreisrunder Bühne dreh'n Helden und Heldinnen sich.
Hingleitend über des Menschen verzehrende Wollust,
Beim süßtönenden Klang der Glocken unterscheidenden Wissens.

Hum Hum Hum
Phat!

Bewegt sich der Reihen im unfrohen Klangreich des Nordens,
Auf würfelgeformter Bahn dreh'n Helden und Heldinnen sich.
Hinfahrend über die Köpfe der Eifersuchtsgeister,
Hell strahlet die Krone der allesfüllenden Weisheit.

Hum Hum Hum
Phat!

Tanzen sie in der Weltenmitte, dem Punkt der Vollendung,
Weihen Helden und Heldinnen segnend die Bühne des Tanzes.
Ihre Füße streifen der vampyrisierenden Stumpfheit Haupt
Zum frohmelodischen Sange des Hum von der Weisheit des
wirklichen Wesens.

Hum Hum Hum
Phat!

In diesem rhythmischen Ritual wird der Heilige Kreis - der Grund des Mandala - geweiht. Der Neophyt befindet sich im Mittelpunkt und beginnt, an den ausströmenden Kräften teilzuhaben. Bei tantrischen Ritualen bedarf es eines Lehrers, *Guru*. In den Überlieferungen der amerikanischen Indianer können die Teilnehmer ein Medizinmann und ein Patient sein. Der Medizinmann und der *Guru* haben im wesentlichen die gleiche Rolle - ihre Aufgabe besteht darin, zu heilen und zum Ganz-Sein zu führen. Ebenso sind der Neophyt und der Patient eins: sie werden zu einer umfassenderen Übereinstimmung durch eine erneuerte kosmische Identifikation geleitet.

Die der Orientierung dienenden Riten heben einige wichtige Faktoren hervor wie die Nutzung des gereinigten Körpers und all seiner Sinne. David Villaseñor schreibt: "Der wirklich erfolgreiche Medizinmann benutzt ein scheinbar hypnotisch wirkendes Stimulans, das bewußt zu den sieben Hauptdrüsen des Körpers (oder psychischen Zentren) gelenkt wird, indem die Tätigkeit der fünf Sinne angeregt wird." Die Navajo-Rituale werden wegen des beständigen Intonierens, das den Grundton der Zeremonie bildet, "Gesänge" genannt. Dies entspricht dem tibetischen rituellen Mantram-Singen und der Verwendung von Glocken, Flöten und Trommeln. Der Geruchssinn wird durch Räucherstäbchen angeregt, der Geschmackssinn durch die Einnahme bestimmter Kräuter und Tees und im amerikanischen Brauch sogar durch die Verwendung von Halluzinogenen wie Peyotl. Der Gesichtssinn wird natürlich durch Farben und Formen verstärkt, die die jeweilige Konstruktion des Mandala wie auch jede vorangehende visuelle Vergegenwärtigung umfassen. Der Tast- und Bewegungssinn wird durch Tanz angeregt und in einigen Fällen, wie im Navajo-Ritual, durch das Streichen mit Federn über Körperteile des Patienten. Die äußere Sinnesbelebung wird zu der Harmonisierung der inneren psychischen Zentren oder Chakras in Beziehung gesetzt. Das Ziel besteht darin, eine vollkommene leiblich-geistige Harmonie hervorzubringen - Darbietung eines totalen Zusammenklangs.

Konstruktion

Die tatsächliche Konstruktion des Mandala kann verschiedene Formen annehmen - so viele Formen, wie es Situationen gibt. Gewisse Grundtypen neigen dazu, sich herauszuheben, und unter diesen möchten wir zwei ursprüngliche Gattungen unterscheiden: das Mandala als Kosmische Festung und das Mandala als die Umwandlung Dämonischer Mächte. Das erste hat mit der Projektion des "Kosmogramms" zu tun, eine vollständige Verwirklichung der Gesamtheit von dynamischen kosmogonischen Vorgängen: die Schaffung von Weltordnungen, Zeitaltern, Jahreszeiten, zahlreichen Zyklen von Elementen und organischen Hierarchien.

Durgatiparisodhana-Mandala

Am Anfang ist das Ende
Und dieses ist ohne Namen und Form
Aus dem Formlosen heraus entsteht das Geformte
Aus dem Ätherteilchen entsteht das Feuerteilchen
Aus Feuer Luft, aus Luft Wasser, und aus Wasser
entsteht schließlich das Erdteilchen
Und aus der Erde ein Kristall, und aus diesem das Mineralreich
Und aus der spiralförmigen Auflösung des Kristalls
Entsteht die Zelle, und aus der Zelle
die Zellkolonie, und aus der Zellkolonie
Das Pflanzen- und Tierreich
Und das Tierreich wird gekrönt
Durch das Menschenreich
Und der Mensch selbst wird gekrönt durch die Tiara
Selbst-reflektierender Erkenntnis
Durch welche alle diese Dinge erfahren werden können
Und diese Krone, diese Tiara selbst-reflektierender Erkenntnis
Ist selbst nur die unterste Sprosse auf der Leiter göttlicher Erneuerung
Die Leiter, auf welcher die Kraft des Ewigen
Emporsteigt und sich selbst im Lichte des Unendlichen begegnet.

Im klassischen tibetischen Mandala wird dieser Vorgang der Welterschaffung häufig als eine Festungsburg von prachtvoller Erscheinung und erschreckenden Ausmaßen zur Verteidigung vorgestellt. Das Mandala ist nicht nur ein kosmischer Plan, sondern auch ein himmlischer Palast. Solche Mandalas sind die "Wohnungen" der Gottheit. In dem von uns gewählten Beispiel handelt es sich um das Heim von *Durgatiparisodhana* - einem Aspekt des *Vairocana,* "dem All-Durchstrahlenden". Die Grundzüge dieses Mandala sind: ein schützender Kreis, der von einem Feuer-, einem *Vajra-* und einem Lotusband umschlossen wird; die vier Eingänge oder Tore des Palastes; und der innere Lotus, *bodhimanda,* der Sitz der Gottheit. Auf den Lotusblättern und um den inneren Kreis herum sind weitere Figuren angeordnet, die Aspekte der All-Durchstrahlenden Weisheit verkörpern. Bei Mandalas dieses Typus symbolisiert der äußere Schutzkreis "eine 'Feuerschranke', die gleichzeitig Zutritt zu dem Neophyten verhindert und die metaphysische Weisheit symbolisiert, die die Unwissenheit 'verbrennt'."

. . . wenn er sich dem Zentrum nähert, nähert sich der Schüler zugleich dem Zentrum der Welt. Übrigens befindet er sich mit seinem Eintritt in das Mandala *in einem heiligen Raum außerhalb der Zeit; die Götter sind bereits 'herabgestiegen' . . . Eine Reihe von Meditationen, zu denen der Schüler schon vorbereitet ist, helfen ihm die Götter in seinem eigenen Herzen zu finden; er wohnt so in seiner Schau dem Auftauchen aller Götter bei, die, sich aus seinem Herzen aufschwingend, den kosmischen Raum erfüllen und wieder von ihm resorbiert werden. Mit anderen Worten, er 'realisiert' den ewigen Prozeß der periodischen Erschaffung und Zerstörung der Welten, wodurch es ihm möglich wird, in die Rhythmen der kosmischen Großen Zeit einzudringen und ihre Leere zu begreifen. Er durchbricht nun die Ebene des* Samsara *und mündet auf eine transzendente Ebene . . .*

Mircea Eliade

Obwohl viel einfacher in der Zeichnung, stellt die Navajo-Sandmalerei der *Vier Häuser der Sonne* eine Vorstellung dar, die dem Mandala-Typus der Tibetischen Festung verwandt ist (siehe Tafel 7). Der äußere Kreis bildet eine schützende Umhüllung. Die Öffnung nach Osten hin wird bewacht von dem Hüter der Nacht, der Fledermaus. Innerhalb sind die vier verschiedenen Sonnenschilde oder Häuser der Sonne gelegen. Jeder dieser Schilde hat ein paar Hörner, die die Farbe tragen, die nach der Überlieferung dem gegenüberliegenden Standort zugewiesen wird: der Sonnenschild des Ostens (Frühling) hat Hörner in der Farbe des Westens (Herbst); und der Norden vom Süden (beziehungsweise Sommer und Winter) und umgekehrt. Die untereinander vertauschte Farbe versinnbildlicht das Gefühl für Harmonie und Zusammenwirken, das im Wirken der Natur als Ganzem notwendig ist.

Auch hier wieder die Lehre von den Gegensätzen: nichts kann bestimmt werden oder existieren für sich alleine, sondern nur durch sein Gegenstück; nur wenn sie sich wechselseitig unterstützen, kann schöpferische Energie zwischen den beständig erzeugten polaren Kräften freigesetzt werden. Das Grundthema vieler Mandala-Riten ist die Umwandlung von zerstörerischer Energie durch die Harmonisierung der Gegensätze. In diesem besonderen Mandala wird die Umwändlung unterstrichen durch das Symbol der Adlerfedern, die an den Hornspitzen befestigt sind. Diese Federn zeigen an,

> ... *daß trotz der möglicherweise zerstörerischen Kräfte von Wirbelstürmen, Orkanen, Windhosen und Schneestürmen (zerstörerische Aspekte der vier Jahreszeiten oder Himmelsrichtungen) diese Macht umgewandelt werden kann in eine positive und schöpferische Energie: wenn sich die Gedanken der Menschen mit wahrer Ehrerbietung und Reinheit zu luftigen Höhen hinwenden, auf die Flügel von Gebet, Dank und Segnung der unbegrenzten Kraft, die solch ungeheure Energie ausbreiten kann.*
>
> David Villaseñor

Im Vergleich mit dem fragmentarischen Weltbild der heutigen Zeit ist das Weltbild der Tibeter und der Navajos hoch entwickelt und systematisch geordnet. Sich den Kosmos auf ihre Art und Weise vorzustellen, setzt eine umfassendere oder ganzheitlichere Ordnung als diejenige voraus, die dem modernen Standort zugrundeliegt. Daher mag der zweite Mandala-Typus - Erkennen und Umwandlung dämonischer Mächte - eine angemessenere Einführung oder Ausgangsbasis für das Individuum innerhalb der gegenwärtigen Umstände bedeuten.

Das Mandala der Umwandlung Dämonischer Kräfte erfordert das schmerzliche Erkennen und Akzeptieren der Existenz von negativen oder dämonischen Kräften, die in einem selbst am Werke sind. Wenn diese schwierige Aufgabe einmal geleistet ist, ist eine visuelle Umsetzung oder Projektion dieser Aspekte innerhalb einer geordneten Welt erforderlich. Der Zweck besteht nicht darin, diese Kräfte zu entfernen - das ist in Anbetracht des Wesens von Energie nicht möglich - sondern, wie im Tanz der Fünf Richtungen angedeutet wird, sie zu erkennen und umzuwandeln. Unwissenheit, Neid, Stolz, Begierde und Haß sind die Kräfte, die mittels Umwandlung freigesetzt werden können. Der einzige Weg, etwas zu überwinden, ist, diese Neigung oder eine ihrer Erscheinungsformen voll ins Auge zu fassen, womit man am wenigsten gerne konfrontiert sein will. Es spielt keine Rolle, wie erschreckend oder zornig die Projektionen und Visionen unserer Ängste auch sein mögen, es sind Schöpfungen des Bewußtseins. Wenn sie völlig nach außen geworfen werden, können sie nicht länger Furcht und Schrecken in uns verursachen, sondern uns dabei helfen, das Wesen der Realität zu erkennen und uns zur Überwindung unserer eigenen Bewußtseinsfesseln zu führen.

Dieser Typus des Mandala wird anschaulich in der Navajo-Sandmalerei des *Vernichters-der-Fremden-Gottheiten.* Die zentrale Figur ist die Projektion des Siegers über die dämonischen Kräfte, der nichts anderes als diese selbst ist, nur bewußt umgewandelt - der *Vernichter-der-Fremden-Gottheiten.* In der tibetischen Tradition ist es häufig *Mahakala,* der Große Schwarze Herrscher der Transzen-

denten Weisheit, der Zerstörer der Leidenschaften, oder die große Figur, die das Rad des Lebens umgibt - der Zerstörer der Unbeständigkeit (siehe Tafel 9). Die Gestalt des *Vernichters-der-Fremden-Gottheiten*

"... ist bedeckt mit einer Rüstung aus Feuerstein, Blitz und Donner, die er beherrschen und oftmals ungestraft benutzen kann ... Über seiner rechten Hand befindet sich das Machtsymbol, die mächtige Keule zu schwingen, um Erdbeben entstehen zu lassen; in seiner linken Hand sind fünf Lichtblitze, um die klugen Köpfe mancher Menschen zu verwirren, besonders jener, die noch keine Gewalt über ihre fünf Sinne durch Gebet und Meditation erlangt haben (angedeutet durch fünf Zickzacklinien auf seiner rechten Wange und seiner Stirn). Die beiden Federn, eine rote mit schwarzer Spitze und eine weiße, weisen auf die Fähigkeit hin, die fünf Sinne gemeinsam mit dem sechsten Sinn der Intuition und Weisheit zu benutzen und zu lenken, so daß diese gottähnliche Kraft niemals mißbraucht wird und ungehindert ist noch abweicht vom Weg der Schönheit, dem Weg der Ganzheit ... solange wir Kinder der Erde sind, ist es unsere heilige Verpflichtung, diese fünf Sinne zu verfeinern mit der unbeschränkten Entschlossenheit, sie zu beherrschen, ehe wir ihre Opfer werden ... Spirituell geschulte Indianer und jene, die die Geheimnisse der Selbstbeherrschung lernen, bewegen sich jenseits ihrer fünf Sinne in ein tägliches Erkennen des Ewigen und Unsichtbaren, was für jedes menschliche Wesen ebenso notwendig ist wie die tägliche Nahrung."

David Villaseñor

Der Heilige Kämpfer wird von vier Adlergestalten umgeben, die helfen, schützen und für vier Abschnitte des Regenbogenhüters stehen, Symbol für Reinheit, Überfluß und immerwährende Glückseligkeit. Auch die Adler sind potentiell bedrohliche Geschöpfe oder psychische Aspekte. Durch Selbstbeherrschung und Erkenntnis werden diese Wesen nun bewußt in den Dienst der schöpferischen Kräfte gestellt. Die Einfachheit der Formen und Symbole dieses Sandbildes schafft ein Modell für die harmonische Übereinstimmung des modernen Individuums - jener Mensch ist ein Held und ein Kenner von Schönheit und Stärke, der sich selbst als den *Vernichter-der-Fremden-Gottheiten* erkennen kann.

Das *Tibetische Rad des Lebens* ist ein weiteres Beispiel für das Mandala der Erkenntnis und Umwandlung Dämonischer Kräfte (siehe Tafel 9). Urspünglich war das *Lebensrad* in fünf Abschnitte eingeteilt, die im Uhrzeigersinn von oben nach unten den Welten der Götter, Tierwelt, Hölle, unruhigen Geistern und Welt der Menschen entsprechen. Spätere Überlieferung fügte eine sechste Welt hinzu, diejenige der "Titanen" oder Gegengötter, die sich in ständigem Kampf gegen die Götter befinden. Diese Welten stellen die Gesamtheit der Evolutionsmöglichkeiten dar - von denen keine ein andauernder Zustand ist.

Im Mittelpunkt des Rades sind ein Schwein, ein Hahn und eine Schlange dargestellt, die versuchen, sich gegenseitig zu verschlingen. Diese Figuren werden von einer runden Scheibe umgeben, zur Hälfte weiß, zur Hälfte schwarz, worin Menschen in verschiedenen Stadien zunehmenden und abnehmenden Glücks dargestellt werden. Im äußeren Ring sind Szenen abgebildet, die Aspekte des zwölffachen Kausalgesetzes schildern: Unwissenheit, Willenskraft, Bewußtheit, Geist-Körper, Sinnenwelt, Verbindung, Gefühl, Sehnsucht, Verständnis, Empfängnis, Geburt, Alter und Tod. Das ganze Rad hält der Zerstörer der Unbeständigkeit umfaßt - die Entsprechung zu dem *Vernichter-der-Fremden-Gottheiten.* In jedem der sechs Seinsbereiche gibt es eine Buddhagestalt, die die Möglichkeit zur Selbstverwirklichung oder Befreiung in jeder Existenzstufe oder -phase anzeigt.

O Macht, von wo die Sonne kommt
Die du den Speer All-Umfassender Liebe trägst;
Heya Hum Hum Hum

O Macht, die leuchtet, wohin wir uns immer wenden
Die du den Speer des Großen Erbarmens trägst;
Heya Hum Hum Hum

O Macht, die dort regiert, wo die Sonne untergeht
Die du den Speer des Großen Gefühls trägst;
Heya Hum Hum Hum

O Macht, die bei dem Riesen der Nacht wohnt
Die du den Speer der Großen Unparteilichkeit trägst;
Heya Hum Hum Hum

O Macht der Himmel über mir und der Erde unter mir
O Große Macht der Mitte die uns alle verbindet
Und uns mit allem verwandt macht, was ist
Die du den Speer des Erleuchteten Geistes trägst

Macht des Vollkommenen Diamanten
Der auf den niedergeschlagenen Köpfen der Elemente der Selbstsucht ruht,
Der in ihre vier Glieder die verwandelnden Speere einpflanzt
Und in ihre Herzen den Speer des Erleuchteten
Und sie damit unbeweglich durchbohrt:

Hilf uns, jetzt die Elemente von
Haß, Stolz, Begierde, Eifersucht und Unwissenheit in uns zu erkennen
Die nun übertragen und umgewandelt sind
In die Kardinalpunkte des Heiligen Kreises
Und dort in Frieden ruhen.

Heya Hum Hum Hum

Aufnahme

Die Aufnahme bedingt intensive Konzentration und Meditation auf das vollendete Mandala hin, so daß der Gehalt des Werkes auf Geist und Körper des Betrachters übertragen und eine Identifizierung geschaffen werden kann. Eigentlich findet eine Wiederaufnahme kosmischer Kräfte statt. Beim Vorgang des Aufbaus wurden diese Kräfte aus dem Chaos des Unbewußten heraus projiziert; beim Vorgang des Aufnehmens werden diese Kräfte wieder zurückgezogen. Der Konstruktion ging ein verhältnismäßig chaotischer Zustand voraus; nach der Versenkung in sie hinein gibt es ein neues Gefühl oder Zustand von Ordnung. Das Bewußtsein hat sich zusammenhängend geäußert und erweitert. Was noch ziemlich im Unbewußten war, ist nun ans Licht gebracht worden und auf eine neue Stufe hochgehoben, wobei sich die Zunahme von Licht - Erleuchtung - für das Bewußtsein als Ganzes folgerichtig ergibt.

Oftmals kann die Aufnahme eine tatsächliche Identifikation von Teilen oder Funktionen des Kosmos mit Teilen oder Funktionen des Organismus innerhalb seines Lebenszyklus bedeuten. Obwohl der Mittelpunkt eine unbenennbare Quelle ist - er liegt weder innen noch außen - mag er mit dem Herzen gleichgesetzt werden. Der Sonnenthron jener Mitte könnte der Geist sein, die Paläste und Pfade, die zu jenem Mittelpunkt führen, die verschiedenen Organe und Drüsen des Körpers und ihre Funktionen: Atmung, Kreislauf, Fortbewegung und so weiter. Die Himmelsrichtungen können Lebensabschnitte oder die hauptsächlichen Erscheinungen des physischen Organismus bezeichnen: Blut (Wasser); Knochen (Erde); Atem (Luft) und Körperhitze (Feuer). Welchen Weg oder Gestalt die Identifikation auch annehmen mag, für den Betrachter/Schöpfer ist die Erkenntnis wesentlich, daß die Inhalte des Mandala Projektionen von den verschiedenen Ebenen seines eigenen bewußten Seins sind.

Für diese Tätigkeit ist eine grundlegende Kenntnis gewisser Zentren biopsychischer Energie oder Wirkungsweise von Wert. Auf der einfachsten Stufe können die Projektionen des Mandala mit dem Kopf-, Herz- und Körperzentrum in Verbindung gebracht werden. Die jeweilige Anordnung des Mandala kann bezogen werden auf den geistig-intellektuellen Zustand des Individuums; die Art und Weise der visuellen Projektionen, ihre Farben und Zuordnung zueinander kann mit dem Gefühlszentrum des Individuums verbunden werden; das Gesamtmuster käme dem allgemeinen Erscheinungsbild zu. Diese Ideen werden lediglich vorgeschlagen, um zu zeigen, daß es eine völlige Übereinstimmung von Begriffen mit dem geschaffenen Mandala geben muß.

Da sich die geistigen, emotionalen und körperlichen Aktivitäten in ständiger Wechselbeziehung befinden und fortwährend Energien austauschen und gegenseitig auf sich einwirken, kann es keine scharf abgetrennte Analyse im Vorgang der Aufnahme geben, sondern eher eine intuitive Durchdringung von verschiedenen Teilen und Funktionen vom Mandala wie vom Organismus. Je vollständiger die Identifikation verläuft, desto eindrücklicher und ekstatischer wird die Erfahrung der Versenkung und Aufnahme sein. Die wesenhafte Einheit zu erkennen, den Ursprung, die Gottheit, die Quelle schöpferischer Energien in sich und durch sich selbst bedeutet die wahre Grundlage zur Selbst-Erneuerung.

Zerstörung

Auf die Phase der Aufnahme folgt die Zerstörung oder Loslösung von dem eigentlichen Mandala-Gebilde. Sandbilder werden an diesem Punkt sehr häufig zerstört. Zeremonien unter den Navajos werden als so heilig erachtet, daß Außenseitern gewöhnlich die Teilnahme nicht gestattet wird; und da das Sinnbild selbst das elementarste Symbol für die Heiligkeit der betreffenden Zeremonie ist, würde seine Existenz entheiligt, wenn es nicht nach der Zeremonie "zerstört" würde. Für den Medizinmann oder Yogi gibt es jedoch keine Zerstörung als solche. So wie der Körper zum Zeitpunkt des Todes zerfällt und zu einem ursprünglicheren Zustand zurückkehrt - Befreiung des Geistes - so verhält es sich auch mit dem im Sande gemalten Mandala, das ausgewischt wird und zu jenem Zustand zurückkehrt, woher es kam. In einem gewissen Sinne ist der wahre Geist schon beim Vorgang der Aufnahme losgelöst worden, und so hat die eigentliche Umwandlung in der Übertragung des Kosmogramms auf die Teile und Funktionen des Körpers und seines Lebenszyklus bereits stattgefunden.

Die materielle Zerstörung des Mandala ist am wenigsten bedeutsam innerhalb des Vorgangs der nachfolgenden Aufnahme. Es geht hauptsächlich um Loslösung von dem hervorgebrachten Werk. Die meisten Mandalas, die auf Tuch, Leinwand oder Papier gemalt werden, werden nicht zerstört, sondern in einen Tempel oder an einen anderen Ort gehangen, um eine geweihte Umgebung zu schaffen. Wenn der Gehalt des Mandala aufgenommen worden ist, dann befindet es sich im Inneren, und das äußere Mandala ist nur noch eine Hilfskonstruktion oder Ausgangspunkt.

Loslösung bedeutet eine Lektion für die Seele, nicht stolz auf die Arbeit zu sein oder sie als eine weitere Manifestation des Ego zu betrachten. Der ideale Standpunkt ergibt sich aus der Vorstellung von der Offenheit aller Dinge: es gibt keinen Handelnden und keine Handlung, obwohl es etwas gibt, das handelt. Der Künstler handelt nur dank seiner Empfänglichkeit für die Energieströme, die aus der Quelle kommen. Dieser Urgrund gehört nicht "ihm", sondern ist universell und allen gemeinsam. Und die Arbeit, die ausgeführt wird, ist nichts weiter als eine Drehung am Kaleidoskop der Göttlichen Vision, obwohl sie den Stempel des Augenblicks trägt, als sie durch das Gefäß hindurchging.

Wenn das Werk nicht materiell vernichtet wird, erhält es die Funktion eines Meditations- oder "Gedächtnis"-Objekts. Sein Zweck als tägliche Gedächtnisstütze besteht darin, den Geist zu konzentrieren, indem es sich selbst, seine Natur, seine Ursprünge und seine Bestimmung ins Gedächtnis zurückruft.

Re-integration

Reintegration ist in dem Akt der Projizierung und Schaffung des Mandala mit inbegriffen, ist aber nicht gesichert, ehe die Loslösung stattgefunden hat. Sie heilt oder macht wieder ganz durch die Wiedereinrichtung einer direkten Verbindung mit der Quelle.

Welche seelisch-körperliche Beeinträchtigung auch vor der Ausführung des Mandala vorhanden gewesen sein könnte, sie ist nun gebannt und umgewandelt, so daß der Organismus dazu in der Lage ist, sich selbst als grenzenlosen Energiestrom zu erfahren. Eine genaue Trennung zwischen inneren und äußeren Welten gibt es nicht mehr. Die Vorstellung von Innen und Außen ist ein trennender Standpunkt. Vorkommnisse, die den Organismus betreffen und Projektionen, die von ihm ausgehen, werden als wunderschöne Verflechtungen eines größeren Ganzen erlebt - die Erscheinung eines Höheren und Geheimnisvolleren.

Was bedeutet es anderes, reintegriert zu werden, wenn nicht dies, bewußt mit dem schlangenförmig sich windenden Pfad der Natur verwachsen zu sein, mit dem Verlauf eines höheren Rhythmus zu fließen, als ihn der Verstand ermessen und verteidigen kann und ihn anzunehmen? Gesund zu sein und sich selbstheilend, den Pfad der Schönheit, den "heilen Weg" zu beschreiten - darin liegt das Maß für die Ganzheit.

Schönheit über mir, unter mir, und überall um mich herum

Ganz zu sein bedeutet, sich willentlich und wissentlich mit den großen Kräften des Universums in Einklang zu bringen - diese Kräfte anzuerkennen, sie zu preisen und ihnen zu danken: dies ist der Weg der Schönheit. Wie Villaseñor ausführt: "Der Begriff 'Heiler Weg' ist ein umfassendes spirituelles Konzept, das sich auf die seelischen Erfahrungen ausdehnt und einen Lebensweg gestaltet." Der Rhythmus des Heilen Weges ähnelt einem Vogel, dessen einer Flügel den physischen, bewußten Denkprozeß symbolisiert; und der andere, der geistige, umfaßt die Strukturen des Unbewußten. Das Mandala-Ritual ist ein Weg, auf dem beide Flügel gleichgeordnet genutzt werden können, so daß der Vogel fliegen kann - ganz und frei.

Umsetzung

Der eigentliche Ablauf des Rituals ist nur ein Vorspiel. Ob das Mandala nun vernichtet oder an der Wand angebracht wird, es ist nichts weiter als eine Gedächtnisstütze an das sich fortlaufend entwickelnde Potential eines mandala-artigen Vorgangs in jedem Organismus, der jedes Lebewesen zu einem größeren Realitätsgewebe in Beziehung setzt. Wenn das Mandala-Ritual auf irgendeine Weise diese Wahrheit zu einer lebendigen Wirklichkeit innerhalb der Begrenzung des Alltags machen kann, dann wird es seine Aufgabe schon erfüllt haben.

In dem täuschend einfachen Muster des Spinnennetzes enthüllt sich nicht nur das Wesen der Spinne, sondern das ewige Gewebe der Schöpfung. Auch der Mensch hat ein sichtbares und unsichtbares Spinnengewebe, das sich bis in die Tiefen der gesamten Schöpfung ausdehnt. Dieses Netz genau zusammenzufügen und zu gestalten, seine Fäden im Morgenlicht des erneuerten Bewußtseins erleuchten zu lassen, den unermeßlichen und grenzenlosen Bereich zu verstehen, den es durchspannt: dies alles bedeutet, die beschränkten Grenzwelten von Geburt und Tod zu überschreiten. Die Spinne, der Schmetterling, die Blume und der Baum, die Schlange, die Eidechse, das Eichhörnchen und der Bär - dies alles sind Lebewesen, deren ununterbrochene Fortpflanzung sich über die Spannweite des menschlichen Gedächtnisses hinaus ausdehnt. Der Mensch erinnert sich jedoch nicht an seine Herkunft, nur in Traum und Vision und auch dann nur in Form von Metaphern, die von einer Quelle jenseits der Ratio erzeugt werden. Bevor ein Mensch nicht bewußt in den Bereichen dieser Quelle verweilt, werden seine Handlungen einem Blinden vergleichbar sein, der sich in der Nacht durchschlägt; ob er nun sein Ziel trifft oder verfehlt, wird eine Sache beständiger Anfechtbarkeit sein.

Das Mandala-Ritual, wie es von den tantrischen Yogis Indiens und Tibets oder den Medizinmännern und Schamanen der Neuen Welt ersonnen wurde, ist ein Hilfsmittel, durch das die Menschen einige Ahnung von jener lebenserneuernden Quelle zurückerlangen könnten. Das Chaos und die Ordnung existieren gleichzeitig miteinander. Es ist nur eine Bewußtseinsverschiebung, die in jedem von beiden eine Widerspiegelung des anderen sieht. Dieser Sprung, ruhig und wie ein Gebet, ist es, der die Vision der Ganzheit herbeiführt. Und dies ist die Schau der Ganzheit, die heilt und selbst-heilend ist. Im Mandala zu leben bedeutet, inmitten des Chaos die Lichtstrahlen von Ordnung zu erkennen, die aus dem Zentrum der Mitternacht hervorspringen und in jedem Augenblick festzustellen, daß wir es selbst sind, dem wir vierfach gespiegelt inmitten jeder Tat begegnen.

Das Mandala zu verwirklichen heißt, die bruchstückhafte und entfremdete Welt hinter sich zu lassen und in eine andere Dimension des Seins, Erfassens und Handelns überzuwechseln. Jede neue Erkenntnis kommt in Form einer Initation; indem es den Weg zu der Quelle der ganzheitlichen Schau zurückgibt, kann das Mandala-Ritual dem Menschen jenes Wissen vermitteln, das nötig ist für den nächsten Schritt innerhalb seiner Evolution.

Denn der Mensch muß nun in sich selbst die Vorstellungskraft entwickeln, über die Welt, die er geschaffen hat, hinauszugehen, wenn er dem Schicksal der vorher ausgestorbenen Gattung entgehen und sich selbst wieder zum Ebenbild göttlicher Zielsetzung verklären will.

Meditation muß verrichtet werden, indem du deine Aufmerksamkeit auf das reine strahlende Licht konzentrierst. In Betrachtung der Gottheiten der unermeßlichen Mandalas,in denen sie (und du) ansässig sind, mußt du Stolz darüber empfinden, so göttlich wie sie zu sein. Auf diese Weise müssen die gröberen und feineren Formen des vereinigenden Prozesses angewandt werden.

Tsongkhapa

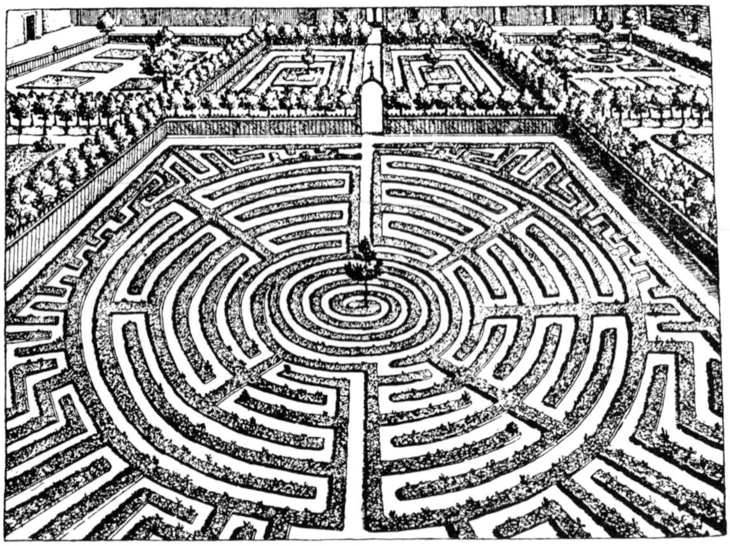

Meditationen und Übungen
Kosmische Beschwörung

Sitze in einer bequemen Position. Schließe deine Augen und atme tief durch. Setze deine Bezugspunkte fest: vor dir, hinter dir, rechts und links, oben und unten. Versuche sie innerhalb eines Radius von etwas mehr als einem Meter von deinem Körper entfernt wahrzunehmen. Ergründe, wenn du kannst, die Stellen auf deinem Körper, mit denen sich diese Koordinaten berühren sowie innerhalb deines Körpers, wo sie alle zusammenlaufen. Setze diese Koordinaten mit den Haupthimmelsrichtungen in Beziehung.

Stelle dir dann vor deinem geistigen Auge einen Kreis vor. Er kann offen oder geschlossen sein. Behalte dieses Bild ständig vor deinem Dritten Auge. Wenn von außen kommende Gedanken auftauchen, kannst du fragen: "Wem stoßen diese Gedanken zu? " und die Antwort lautet: "Mir", dann kannst du die Frage stellen "Wer bin ich? " Laß den aufsteigenden Gedanken versinken, wie eine Welle ins Meer.

Wenn dein Geist in Bewegung kommt und frei wird, so verbinde die visuelle Vorstellung des Kreises mit dem Rhythmus deines Atems und Herzschlags. Das Bild beginnt dann langsam mit den Rhythmen von Atem und Herz zu pulsieren. Laß den Kreis dann allmählich wachsen und sich ausdehnen, bis er den Kopf, die Kehle und den Bereich des Herzens umschließt. Wenn er weiter pulsiert, wird er zu einer immer lichterfüllteren Kugel.

Wenn du abschweifst, wenn von außen kommende Gedanken aufsteigen und die Ausdehnung des Kreises unterbrechen, so frage weiter: "Wer bin ich? Wem stoßen diese Gedanken zu?" Laß den aufsteigenden Gedanken versinken und gewähre dem Geist in seinem Kielwasser, größere Klarheit zu erlangen. Der Mittelpunkt all deiner Gedanken verschwindet, hebt dich empor und befreit dich, bis allein die reine Bewußtheit, das reine Bewußtsein zurückbleibt, das im Lichte des ursprungslosen Ursprungs erstrahlt, in regenbogenfarbenen Strömen herausfließt, zeitlos steigt und fällt.

Die Kugel wächst nun mühelos weiter und umschließt mehr und mehr den Körper. Sie wird dabei auch transparenter. Langsam wird der Bereich des Solarplexus, des Magens, der Genitalien, der Arme und Beine von dem sich ausdehnenden Lichtkörper aufgenommen, der bald den gesamten physischen Organismus umschließt und trägt. Noch kommt die Bewegung hier nicht zum Stillstand, sondern sie wächst weiter, bis sie die Koordinatenpunkte erreicht, die du zu Anfang geschaffen hattest, als du deinen Körper zu dem Raum um dich herum in Verbindung brachtest. Du bist nun gewichtslos und rein - am Orte des Ewigen Jetzt, wo es nichts mehr zu fragen und zu antworten gibt; wo es keinen Gedanken gibt, mit dem du über die Erfahrung, die du gerade hast, urteilst, sie abwägst, sie in Besitz nimmst oder mit der Vernunft zu erklären suchst.

Langsam bewegt sich die Kugel zu ihrem Ursprung hin zurück, sie zieht sich zusammen und verliert an Größe, bis sie sich schließlich wieder im Dritten Auge konzentriert. Ihre höhere Gegenwart bleibt jedoch erhalten und umgibt dich wie mit einer großen leuchtenden Regenbogenblase.

Jeder von uns ist ein individualisiertes Lebewesen mit eigener Einstellung des Mittelpunktes reiner Selbst-Bewußtheit; jeder von uns ist ein Gebilde von Energie und Licht, das sein eigenes Schöpfungsfeld ausstrahlt.

Wenn du dazu bereit bist, öffne die Augen wieder. Tritt in einen Zustand erneuerter Bewußtheit und denke daran, daß ein leuchtendes Kraftfeld um dich herum bestehen bleibt.

Mit dieser frischen Erfahrung stelle eine einfache Mandala-Zeichnung deiner eigenen kosmischen Beschwörung her. Erinnere dich, daß die Schaffung eines Mandala eine Disziplin darstellt. Denke darüber nach, was du tust: tu was immer du willst - aber mach es bewußt. Du kannst jegliche Materialien und Werkzeuge benutzen, die du auswählst: Wasserfarben, Pastellkreiden, Filzstifte, Farben oder Buntstifte. Einfache Skizzierwerkzeuge wie Lineal oder Zirkel sind ebenfalls ausgezeichnete Hilfsmittel. Achte auf die Farbharmonie: das Farbenrad (Tafel 4) mag dafür von einiger Hilfe sein. Stelle etwas dar, das glaubhaft deine Erfahrung hervorruft.

Einfaches Yantra

Beschränke dich für die folgende Übung auf drei Formen - Kreis, Viereck und gleichseitiges Dreieck - in beliebiger Anzahl, Größe und Zuordnung.

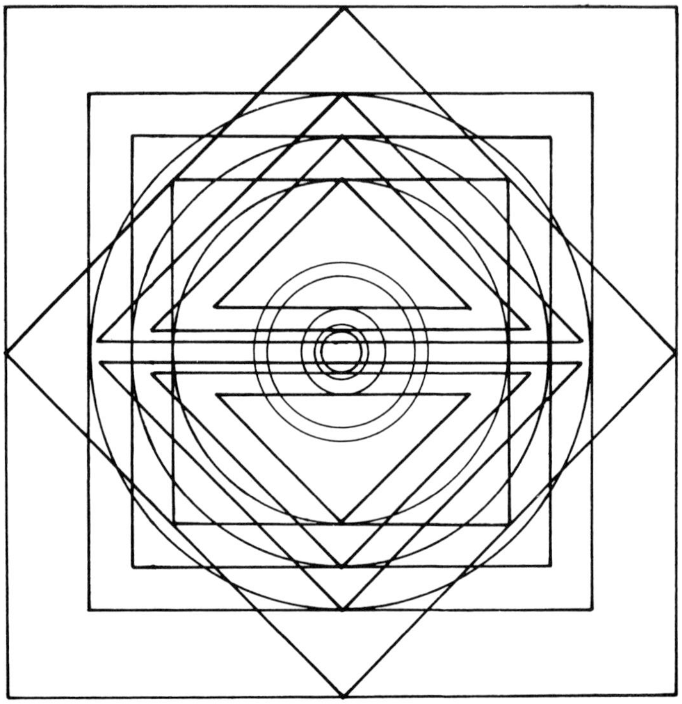

Das *Yantra* ist ein Hilfsmittel zur Bewußtseinskonzentration; eigentlich ist es eine praktische Meditation. Meditiere kurz über jede der Formen, ehe du die Übung ausführst. Mit anderen Worten, meditiere zuerst über den Kreis; achte auf deine Assoziationen und welche Farben erscheinen. Tu das gleiche mit Dreieck und Viereck. Die Grundidee hinter dem *Yantra* ist die Geistesschulung und die Hervorbringung eines Grundmusters von Harmonie. Beschränke dich auf das, was gemäß deiner Assoziationskette mit den Figuren notwendig erscheint. Wenn du Farben verwendest, achte auf Harmonie und Kontrast der Farben.

Mandala des Lebenszyklus

Hier handelt es sich um eine Art von Übung, die viel schwieriger ist und die Innenschau erforderlich macht. Es kann für verschiedene Stufen der persönlichen Entwicklung ausgearbeitet werden und mehrere Zeitabschnitte gleichzeitig umfassen. Betrachte auf der einfachsten Ebene den Ablauf eines Tages in zwei Teile geteilt, von Sonnenaufgang bis Sonnenuntergang und von Sonnenuntergang bis Sonnenaufgang. Bedenke innerhalb dieser bipolaren Aufteilung die Art und Weise deiner Beschäftigung - psychisch und tatsächlich - in jedem der beiden Bereiche. Projiziere diese Tätigkeitsfelder auf Begriffe einfacher Symbole und/oder Farben. Schau in deinem Innern, ob es bestimmte regelmäßig wiederkehrende Kennzeichen für jeden der beiden Bereiche gibt. Wichtig dabei ist, zu vereinfachen und die grundlegendsten Eigenschaften zu projizieren, um eine Erkenntnis der Symbole zu entwickeln. Obwohl du mit der Betrachtung des bipolaren Rhythmus von einem Tag in deinem Leben begonnen haben magst, kann jener Rhythmus, wenn er symbolisch wahrgenommen und eingeschätzt wird, so angesehen werden, daß er sich zu einer grundlegenden Aussage über Leben und Tod ausweiten läßt.

Oder du kannst von einer einfachen Unterteilung zu einer drei- oder vierfachen Teilung des Tages geführt werden. Wenn eine vierfache Aufteilung deines Tagesablaufs der natürlichste Annährungsversuch ist, dehne sie auf die Jahreszeiten oder die organischen Phasen des Lebenszyklus selbst aus. Das Mandala der vierfachen Teilung des täglichen Kreislaufs betont naturgemäß das Viereck und all seine Verzweigungen und Zuordnungen. Auch hier ist die bedeutsame Funktion dieser meditativen Praktiken die Entfaltung symbolischer Bewußtheit - je mehr Entsprechungen es zwischen den Rhythmen deines täglichen Lebenszyklus und den vielfachen größeren Zyklen gibt, umso größer ist dein Einklang mit einer höheren Harmonie.

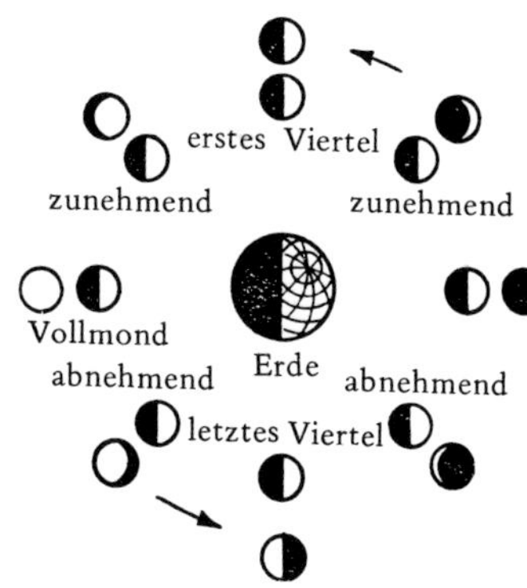

Was als persönliche Probleme und Sorgen erscheint, mag nun als Auswirkungen eines naturgegebenen Rhythmus erkannt werden - es ist immer eine große Erleichterung und ein Gefühl der Befreiung mit der Feststellung verbunden, daß wir Teil eines natürlichen Stromes sind und daß wir ohne eigenes Zutun an den Störungen und Ausbrüchen dieses Stromes teilhaben. Lege ein meditatives Tagebuch mit Mandalas und darauf bezogene Beobachtungen an. Die Sammlung von Mandalas, die du so errichtest, kann auch an die Zielsetzung und den Weg natürlicher Harmonie erinnern.

Obwohl wir doppelte und vierfache Tages-Mandalas vorgeschlagen haben, solltest du dich nicht auf diese beschränkt fühlen: sechs-, acht-, neun-, zwölf- und vierundzwanzigfache Mandalas sind genauso anregend für den Anfang - das Mandala ist unendlich wie die Fähigkeiten des Individuums.

Gruppenmandalas

Der Sinn persönlicher Mandalas besteht darin, im Innern ein Gefühl für Harmonie zu bilden, so daß der Einzelne sich mit größerer Selbstlosigkeit, Klarheit, Mitleid und Fröhlichkeit nach außen wenden kann, weil er durch sein Werk erfahren hat, daß er nur Teil eines größeren Stromes ist. Die Zielsetzung des Gruppenmandala liegt darin, das Gleiche durch ein Geflecht von einzelnen Individuen zu leisten, die wie ein organisches Ganzes ineinanderarbeiten.

Zwei oder mehr Personen können an einem vorgegebenen Entwurf arbeiten; sie können ihre Absicht auf zwei verschiedenen Wegen realisieren: indem sie mit geringer Wechselwirkung parallel zueinander arbeiten und Stück für Stück das ausführen, was getan werden muß; oder mittels eines wechselwirksamen Netzwerks von Tätigkeiten, innerhalb dessen es einen ununterbrochenen bewußten Prozeß des Teilhabens, Gebens und Nehmens gibt. Die letztere Methode ist der Weg des Gruppenmandala.

Das Mandala von zweien eröffnet einzigartige Möglichkeiten, besonders für Paare. Die männlich-

weibliche Beziehung neigt leicht zu den Irrtümern der Polarisierung und bietet heutzutage einen verworrenen Mikrokosmos dar, was das Wesen des Sexus und Menschseins betrifft. Wenn es so etwas wie einen Kampf der Geschlechter gibt, kann dies nur bedeuten, daß ein Grundverständnis von der wesenhaften Einheit aller Dinge sich aufgelöst hat und ein extrem polarisierter Zustand auf uns lastet.

Ein einfaches Mandala, mit dem zwei Personen verschiedenen Geschlechts beschäftigt sind, kann für die Erforschung dieser ganzen Frage sehr fruchtbar sein - wahrzunehmen, ob zwei Menschen eine gemeinsame Schau zutage treten lassen können. Besondere Aufmerksamkeit sollte auf die Art des Vorgehens verwandt werden - wer beginnt, wer was tut und auf welche Art und Weise; entwirft die eine Person alles und füllt die andere alles aus? Welche Arten von Farben und Formen verwendet jeder und versuchen sie, diese Farben und Formen aufeinander abzustimmen? Harmonisierung bedeutet nicht den Verlust der persönlichen Einzigartigkeit - Frauen sind Frauen und Männer sind Männer, ich bin ich und du bist du. Der Harmonisierungsprozeß bringt vielmehr in sich wurzelnde Individuen zueinander, die unabhängig miteinander arbeiten, um ein neues organisches Ganzes zu schaffen.

Durch eine solche Übung mag das Paar dazu kommen, die tiefere Bedeutung der *Yab-Yum*-Darstellungen richtig zu würdigen und besser zu verstehen, die bei tantrischen Mandalas und religiösen Darstellungen so ins Auge fallen. Das *Yab-Yum* - das wörtlich "Vater-Mutter" bedeutet - stellt den Akt der sexuellen Vereinigung dar als das Symbol *par excellence* für Einheit oder genauer: für Wiedervereinigung mit dem Göttlichen. Dies ist eine Einheit von Weisheit und praktischen Fähigkeiten - das Zusammenkommen von Herz und Geist.

Diese Mandala-Übung kann ebenso sinnvoll für eine Einzelperson gleich welchen Geschlechts sein, da niemand vollkommen männlich oder weiblich ist, sondern eine Mischung aus beidem.

> *Die menschliche Person stellt eine Koexistenz von zwei gegenseitigen Tendenzen dar; eine ist zentrifugal, die andere zentripetal. Während die eine uns aus uns selbst herausführt, veranlaßt uns die andere zur Rückkehr zum Punkt der Mitte, zur unvergänglichen Existenzbedingung . . .*
>
> Tucci

Der Göttliche Androgyn ist jenes Geschöpf, das dazu fähig gewesen ist, beide Geschlechter in sich selbst zu verwirklichen. Es kann auch als das symbolische Abbild der Vereinigung von männlichen und weiblichen Elementen durch ein Paar vorgestellt werden.

Die Einheit der Geschlechter - die letztendlichen Aspekte der Gegensätze, wie sie sich in der menschlichen Welt verkörpern - ist ein hauptsächlicher Ausgangspunkt für alle Gruppenmandalas. Aufgrund der kritischen Lage heute, was die Geschlechter und die Polarisierung im allgemeinen betrifft, können wir nur behutsam davor warnen, daß, wenn Gruppenmandalas von mehr als zwei Personen ausgeführt werden, sich nur eine bereits bestehende Gruppe darauf einlassen sollte. Ein Mandala an sich kann noch kein organisch miteinander verbundenes Paar, Familie oder Gruppe schaffen; es kann jedoch dazu dienlich sein, das zu erforschen, zu kräftigen und zu intensivieren, was bereits existiert.

Anmerkungen

Zusätzlich zu den früher erwähnten Büchern von Tucci, *Geheimnis des Mandala;* Eliade, *Yoga; Freiheit und Unsterblichkeit;* Villaseñor, *Mandalas im Sand;* und Brown, *Die Heilige Pfeife* finden sich Vorstellungen und Beschreibungen über das Wesen des Rituals und die rituellen Praktiken bezüglich des Mandala in: Mai-Mai Sze, *The Way of Chinese Painting* (New York: Vintage Books, 1959); W.Y. Evans-Wentz, *Der Geheime Pfad der Großen Befreiung* (Weilheim/Obb.: O.W. Barth, 1972), besonders Buch II "Der Yoga der Erkenntnis des Geistes," S. 249-277; und vom gleichen Verfasser *Yoga und Geheimlehren Tibets* (Weilheim/Obb.: O.W. Barth, 1951), Buch V, "Der Weg des mystischen Opfers"; Jean Eracle, *L'art des thanka et le bouddhisme tantrique* (Geneva: Musée d'ethnographie, 1970); Herbert V. Guenther, *Treasures on the Tibetan Middle Way* (Berkeley: Shambala Publications, 1969); und C.A. Muses, *Esoteric Teaching of the Tibetan Tantra* (Indian Hills, Colorado: Falcon's Wing Press, 1961).

Die Dämonenmaske (Seite 83) ist nachgedruckt aus *Catalogue of the Tibetan Collection,* Band I und II (Newark Museum, 1971)."Mandala von Durgatiparisodhana" ist entnommen aus *A New Tibeto-Mongol Pantheon,* Teil 12, von den Professoren Raghu Vira und Lokesh Chandra (International Academy of Indian Culture, Neu Delhi, 1967). Der Gesang der Fünf Richtungen ist übernommen aus *Yoga und Geheimlehren Tibets; sieben Weisheitsbücher des Großen Pfades,* zusammengestellt und herausgegeben von W.Y. Evans-Wentz.

Und durch die Sonne hindurch

dahin, wo Mensch und
Blume nicht mehr wissen

VI

Das Mandala als Ausgangspunkt

Nur unter idealen Bedingungen, wenn das Leben
noch einfach und unbewußt genug ist, dem
Schlangenpfad des Instinkts ohne Zögern oder
Zweifel zu folgen, arbeitet die kompensierende
Funktion des Unbewußten mit Erfolg.
Je zivilisierter ... und komplizierter ein Mensch ist,
desto weniger ist er dazu fähig, seinen Instinkten
zu folgen. Seine verworrenen Lebensbedingungen
und der Einfluß seiner Umgebung sind so stark,
daß sie die ruhige Stimme der Natur übertönen.
Meinungen, Glaubensanschauungen, Theorien
und kollektive Tendenzen erscheinen an ihrer
Stelle und unterstützen alle Irrwege
des bewußten Geistes ... C. G. Jung

Zwischen dem Ritual des Mandala und der Realität des heutigen Lebens besteht ein tiefer Abgrund. Wenn es sich ein Mensch zur anerkannten Aufgabe gemacht hat, von einem Zustand des profanen zu einem geheiligten Leben zu schreiten, so mag es kaum ein schwierigeres Bemühen geben. Weltliches Leben verläuft unter Verlust der Ganzheit, es ist bruchstückhaft und entfremdet. Heiliges Leben bedeutet nicht einfach eine Rückkehr zu dem "Schlangenpfad des Instinkts", sondern ist im Urgrund der Ganzheit verwurzelt und strebt nach außen wie eine Blume vom Stengel.

Die "Mandalisierung" des Menschen ist ein Vorgang, bei dem die Polaritäten von Individualität und Kollektivität vereinigt werden und dabei eine deutlich ausgeprägte Synthese schaffen. Wenn ein Einzelwesen damit beginnt, sich als einmalige Widerspiegelung und Speicherkammer der Kräfte und Energien der gesamten Natur zu sehen, zu vergegenwärtigen und zu verstehen - der Mensch als der bewußte Mikrokosmos - dann beginnt er auch, als Kraft wirksam zu werden, die ausstrahlende Energien freisetzt und andere Lebewesen und Energieformen an sich heranzieht. Er wird zum bewußten Mittelpunkt. Die Anziehungskraft, die er ausübt, dient nicht dazu, ein System von Anhängern um sich herum zu schaffen, sondern diese Art der Selbstverwirklichung auch anderen näherzubringen, damit alle als bewußte Zentren zusammenhalten mögen: jedes mit einer einmaligen Wirkungsweise, umfassenden Bewußtheit, Fähigkeit zu weiterer Transformation. Die gesammelte Energie des Mandala wird ermöglicht durch die selbst-bestimmte und wechselweise selbstangenommene Unterscheidung der Individuen, die es ausmachen.

Der Individualismus, der in den vergangenen Jahrhunderten zur Blüte kam, ist eine Vorbereitung. Er kann mit jungen Sprößlingen verglichen werden, die aus der Erde herauskommen. Wenn sie zum erstenmal aus der keimenden Dunkelheit hervorbrechen, entsteht ein Gefühl - es mag trügerisch sein - von kampfeslustiger Stärke und Stolz; dieses herrische Gehabe erhält seine Bedeutung nur aufgrund des vorangegangenen Stadiums. Wie mit allen lebenden Organismen verhält es sich mit den jungen Sprößlingen, die einen Tag alt sind und die das verworrene Netz des lebendigen Urwalds erfassen sollen. Die geballte Energie der aufsteigenden Kraft, die dazu nötig war, um rechtzeitig durch die Erde hindurch zu stoßen, wird biegsam und geschmeidig. Ebenso verhält es sich auf der gegenwärtigen Stufe der Menschheit. Der Individualismus, der von der jüngsten

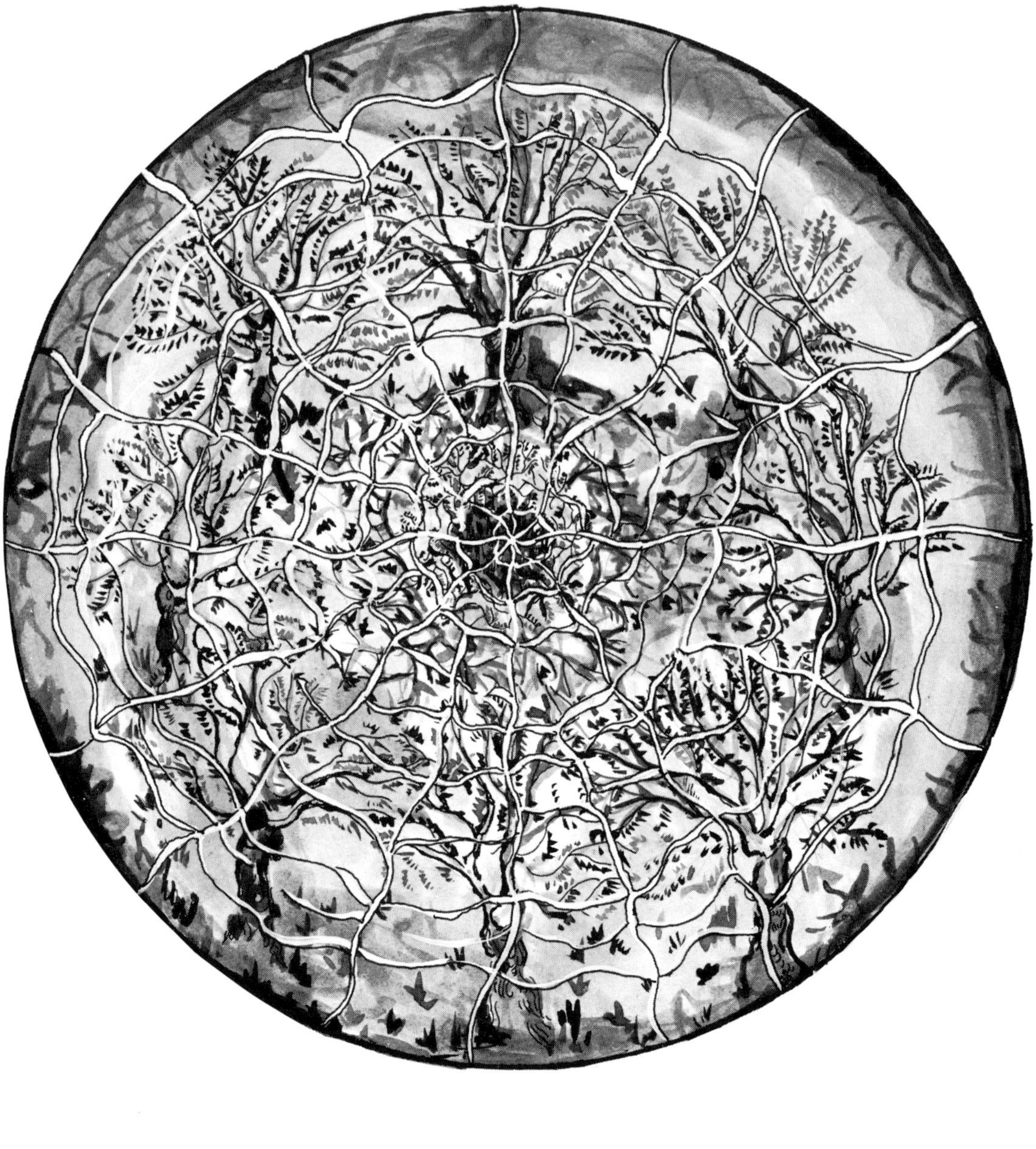

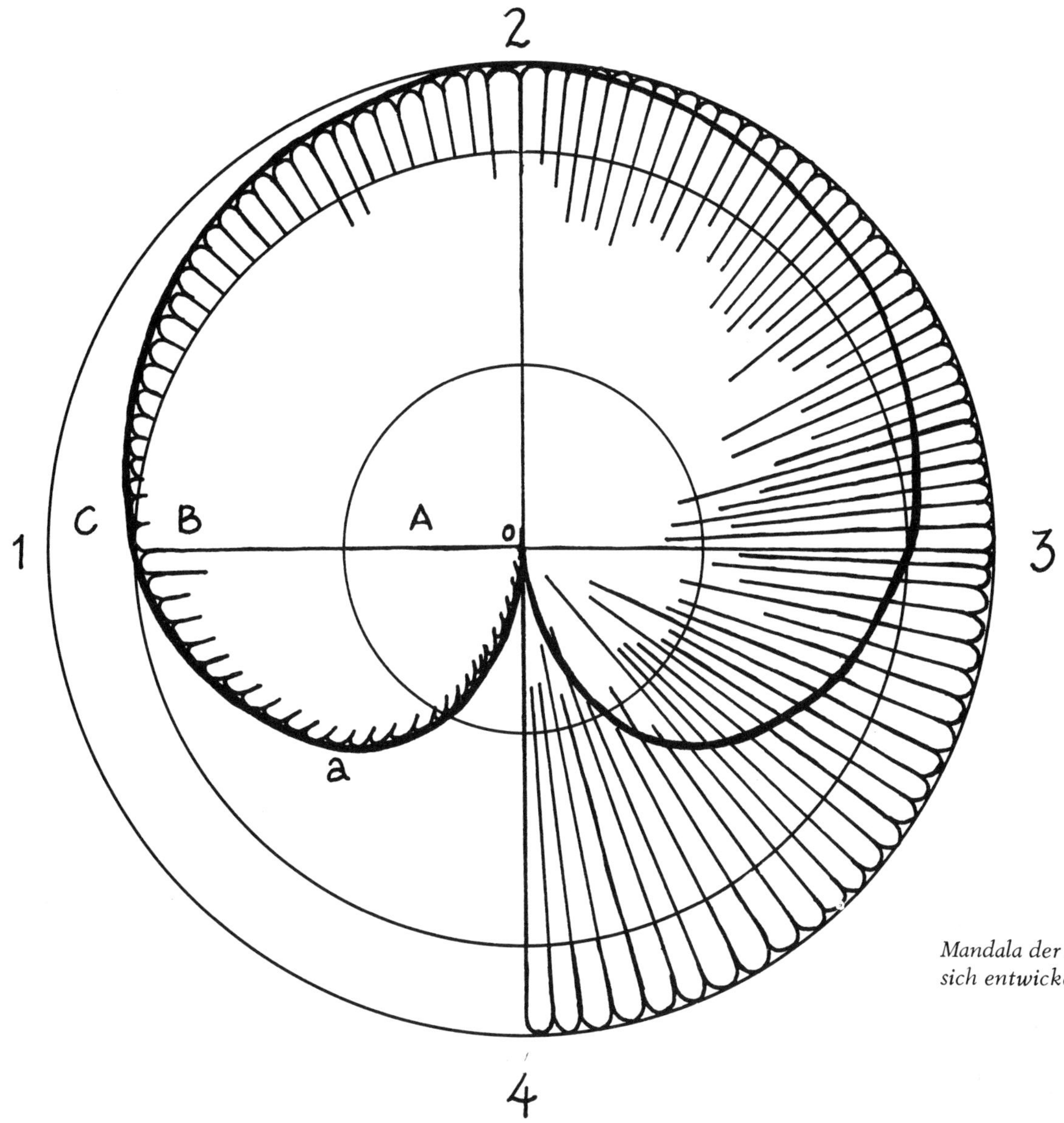

Mandala der Kurve des sich entwickelnden Bewußtseins

menschlichen Entwicklung begünstigt wurde, erstreckte sich immer nach außen und verwies Instinkt und Gefühl ins Innere hinter den Deckmantel des Verstandes. Es hat sich bis zu den Grenzen menschlichen Beharrungsvermögens ausgedehnt und dies nur allzu oft auf Kosten jenes Wissens und Erfahrung von der Quelle, von der die Ausdehnung einer solchen Energie in erster Linie einmal möglich ist.

Das *Mandala der Kurve des sich entwickelnden Bewußtseins* legt das Wesen der gegenwärtigen Situation innerhalb eines größeren Zusammenhangs dar. Wir wollen hauptsächlich damit aufzeigen, wie diese Kurve sowohl beim Einzelnen als auch auf einer größeren weltumfassenden Ebene wirksam ist. Es gibt natürlich immer Ausnahmen, und unsere Beschreibung muß in den allgemeinsten Begriffen verstanden werden.

Die Gesamtfigur besteht aus drei Kreisen, die konzentrisch angeordnet sind. Der innerste Kreis - A - ist der Bereich des Bewußtseinskerns, der fundamentalste und lebenswichtigste Raum, worin die ursprünglichen Entwicklungsanstöße enthalten sind. Für willensmäßige Kontrolle ist er am wenigsten zugänglich; er entspricht den tiefsten Bereichen des Großhirns und umfaßt das verlängerte Rückenmark, das Lebenszentrum für Atmung, Kreislauf und selbständige Nervenfunktionen. Diese Kernzone gibt eine kurze Zusammenfassung der frühesten Evolutionsstufen des Lebens - von dieser Ebene gehen die ursprünglichsten animistischen Visionen und Halluzinationen aus.

Der zweite Kreis - B - stellt den Zwischenbereich oder die kollektive Stufe des Bewußtseins dar, was Jung das kollektive Unbewußte nannte. Diese Zone speichert alle Ideen, Träume, Mythen, Symbole und Archetypen auf, die für den menschlichen Anwendungsbereich unmittelbar zugänglich sind. Sie verkörpert auch ein Entwicklungswachstum kollektiver Erfahrungen, wenn auch womöglich nicht alle Erfahrungen der Gattung Mensch diesem Bereich zugehören, sondern eher Äußerungen von Impulsen sind, die dort herrühren. Durch Willensanstrengung kann sich der Gehalt dieses Bereiches enthüllen.

Der dritte und äußerste Kreis - C - ist der Bereich des Oberflächenbewußtseins. Dies ist die Ebene der größtmöglichen Unterscheidung zwischen den Phänomenen, der Bereich des "alltäglichen" oder, wie es gewöhnlich genannt wird, des "Wachbewußtseins". Es ist die Stufe, auf der willensmäßige Handlungen gewöhnlich ablaufen und über die das Ego die "meiste" Kontrolle hat.

Diese drei Kreise können als eine ungeteilte Einheit betrachtet werden, wobei das Ideal in einem organischen Zusammenwirken dieser drei Bewußtseinsebenen oder -zonen besteht. Die tatsächliche Entwicklung des Bewußtseins wird dargestellt durch eine Linie - a -, die aus dem Mittelpunkt heraus kurvenförmig verläuft. Dieser Mittelpunkt ist mit 0 bezeichnet und zeigt die ersten Bewußtseinsäußerungen an - jenen Lebenskern, an dem Pflanzen, Tiere und Menschen gemeinsam teilhaben. Die Kraft, die durch den Mittelpunkt des Mandala hindurchfährt, hat ihren Ursprung jenseits davon, in einer anderen Dimension.

Die Kurve zwischen 0 und 1 stellt die Entwicklung des Bewußtseins in den ersten Lebensphasen und am bestimmendsten für die Stammes- bzw. kollektiven Etappen der menschlichen Gemeinschaft dar, was viele Mythen und Geschichten als Goldenes Zeitalter überliefern. Punkt 1 gibt den Ort an, an dem die Kurve von dem kollektiven Stand des Stammesbewußtseins durchbricht zu den Anfängen individuellen Selbstbewußtseins. Von 1 bis 2 verzeichnet die Kurve die Entwicklung des Bewußtseins im Verlaufe der das Individuum betonenden Kulturstufen bis hin zu einem Punkte äußerster Individualität. Im Gegensatz zu der früheren Phase neigt die Bewußtseinstätigkeit nun dazu, sich mehr auf den Oberflächenbereich der größeren Differenzierung zu konzentrieren und weniger auf den Bereich des kollektiven Bewußtseins.

Auf der kollektiven Stammesstufe werden alle Handlungen mit einer besonderen kosmischen Ordnung in Verbindung gebracht; im individualistischen Stadium gibt eine historische Entwicklung den grundlegenden Bezugsrahmen ab, die in einer Bewußtseinsausdehnung bis zu einer Bewußtheit des Erdballs in seiner Gesamtheit ihren Höhepunkt erreicht. Diese Epoche schließt die großen Völkerwanderungen ein, die Entstehung der Weltreligionen, die großen Revolutionen, die Weltkriege, die die kennzeichnenden Merkmale nach außen gerichteter Bewußtseinsanstöße sind. Historisch könnte der Beginn dieser Entwicklung bei Punkt 1 der Zeit um 600 v. Chr. mit dem Auftreten von Gautama Buddha, Pythagoras und Lao Tse entsprechen, den ersten der großen spirituellen Lehrern, deren Überlieferung sich durch Christus, Mohammed und Baha'ullah fortsetzt. Der Abschluß dieser Zeitepoche mag bereits durch das neunzehnte Jahrhundert eingetreten sein, das den Aufstieg und die Ausdehnung von Individualismus und Materialismus auf weltweiter Ebene erlebte.

Punkt 2 auf unserem Diagramm zeigt die Grenze des individuellen Selbstbewußtseins an und den Beginn des Weges zu harmonischer Einordnung. Dies markiert eine grundsätzliche Neuorientierung und Drehung der Kurve des sich entwickelnden Bewußtseins nach innen. Die Kurve zwischen den Punkten 2 und 3 stellt die Entwicklung im Verlaufe der den Einzelnen heraushebenden und vereinenden Phasen menschlicher Kultur dar. Individualismus als solcher wird nicht mehr so stark hervorgehoben; er wird vielmehr dem Bemühen untergeordnet, daß ganzheitsbewußte Lebewesen dazu in der Lage sind, eine weltumfassende Vereinigung mit zu bewirken. Bewußtes Tun wendet sich nun wieder zu einem kollektiven Niveau. Diese Rückkehr darf nicht als Verlust des Unterscheidungsvermögens angesehen, sondern kann vielleicht mit der Pflanze verglichen werden: um nach oben zum Licht vorzustoßen, müssen ihre Wurzeln tief hinunter ins Erdreich sinken.

Der Beginn der kollektiven Individuation vollzieht sich bei Punkt 3. Die Bewußtseinskurve kehrt zu dem mittleren Zwischenbereich zurück; das Individuum kann wieder fest in den tieferen Bewußtseinsschichten wurzeln. Es ist nicht mehr entwurzelt, wie in dem Stadium der zur Entfaltung kommenden Individualität, sondern ist nun ein voll ausgereifter Organismus, dazu befähigt, sein gesamtes Potential zu nutzen. An diesem Punkt sind solche zur Individuation gelangten Geschöpfe nicht die Ausnahme, wie es sich in den letzten 2500 Jahren verhalten hat, sondern die Regel. Ohne Zweifel liegt diese Entwicklung noch weit in der Zukunft. Das kollektive Auftreten eines zur Individuation gelangten Menschengeschlechts wird die Entfaltung einer umfassenden Kultur einleiten, wie sie von der Kurve zwischen den Punkten 3 und 4 dargestellt wird. Es wird noch einmal ein Goldenes Zeitalter geben, eines, das nun das Wirken des Planeten auf weltumfassender Ebene harmonisieren wird.

Die Wieder-Herstellung von Harmonie, ein Zustand von Einheit und Befreiung wird einen Eintritt in eine neue Dimension bedeuten, wofür ein Mandala wie das vorliegende nicht mehr ausreichen wird. Es trifft auf alle mandala-artigen Vorgänge zu, daß das Ende gleichzeitig eine Rückkehr zur Mitte - oder zum Ausgangspunkt - und über die Begrenzung dessen hinaus ist, was jetzt noch bestimmt oder sich vorgestellt werden kann. Der tatsächliche Ablauf des sich entwickelnden Bewußtseins ist gleichsam eine Erforschung und Begriffsbestimmung des Zwischenbereichs und der Randzone, so daß eine Rückkehr dann darauf beruhen kann.

In unserem Mandala wird die Bewußtseinstätigkeit durch eine Anzahl von schleifenförmigen Linien dargestellt, die rechtwinklig zur Bewußtseinskurve verlaufen. Von Punkt 0 bis zum Scheitelpunkt, dem Punkt 2, verbleiben die Bewußtseinsvorgänge innerhalb der Kurve. Wenn sich diese Tätigkeit weiter weg vom Kern bewegt, besonders bei den individualistischen Abläufen, entsteht ein wachsendes Gefühl der kulturellen Entwurzelung - ein gemeinsames Merkmal bei technologischen Gesellschaften. Daraus erfolgt der Widerspruch innerhalb der Individualisierung: ein Gefühl des Selbstbewußtseins, das von einem wachsenden Gefühl der Entfremdung begleitet wird.

Nur wenn das Selbstbewußtsein auf seine Grenze stößt, wird ein Individuationsprozeß bewußt offenkundig. Am Anfangspunkt der Individuation, 2, dehnt sich die Bewußtseinstätigkeit sowohl oberhalb als auch unterhalb der Kurve aus. Individuation ist der Vorgang einer stärkeren Integration des Selbst-Bewußtseins mit den tieferen Bewußtseinsschichten. Wenn sich auch die individualisierte Person ihrer Einmaligkeit bewußt ist, so ist dies doch nicht länger ein Grund für Angst und Entfremdung. Indem er gleichermaßen auch der Einheit mit allen Lebewesen gewahr ist und seine Wurzeln wieder in den Tiefen des Bewußtseins verankert hat, ist der einzelne Mensch dazu in der Lage, sich selbst mit einer Grundlage zu versehen, von der aus es sich mit größerem Gleichgewicht erforschen und ausdehnen läßt. Seine Handlungen erhalten Sinn, sein Mut und Vertrauen als eine individualisierte Ganzheit werden all-umfassend. Dies ist die Geburt des Ganzheitlichen Menschen.

Falls der Entwicklungsprozeß ein unvermeidlicher Teil eines größeren Ganzen ist, dann müssen wir die Samen der Wandlung innerhalb der schweigsamen Mutation von Einzelwesen suchen, die langsam in individualisierte Lebewesen umgewandelt wurden. Wir haben von diesem Prozeß als einer "Mandalisierung" gesprochen - das Herabsenken der gedanklichen Wurzeln des Geistes in den Lebenskern, um somit eine erneuerte Schau von der Stellung des Menschen und vom Wesen schöpferischen Lebens innerhalb der Ordnung des gesamten Universums hervorzurufen.

Damit dies geschehen kann, muß erst ein Wissen um die gegenwärtige Situation in ihrer Gesamtheit existieren. Dies kann in Form eines Traumes oder einer Vision kommen oder als langsames Erwachen. Wie auch immer es sich ereignen mag, es wird als innerer Impuls verstanden und gefühlt werden, eine innere Stimme, die einen anderen Weg eingibt - insgesamt vielleicht verschieden von dem, was jetzt faßbar ist.

Das Unbewußte, das beim Mandala in Erscheinung tritt, ist ein Symbol für Gesundheit und Ganzheit. Wir haben schon darauf hingewiesen, daß dieser Vorgang im vollsten Umfang von C.G. Jung belegt wurde, der Mandalas beschrieben und reproduziert hat, die von seinen Patienten gemalt wurden. Viele dieser Mandalas, so einfach und treffend wie sie sind, zeigen eine unwiderlegbare Ähnlichkeit zu archetypischen Darstellungen aus früheren religiösen und symbolischen Systemen, die damit Zeugnis für die schöpferische Wirklichkeit des kollektiven Unbewußten und die Möglichkeit eines geeinten menschlichen Geistes ablegen. Mandalas, die auf der Suche nach Selbst-Heilung angefertigt werden, können als die ersten Anstöße eines höheren, kollektiven Willens zur Ganzheit angesehen werden, der sich langsam und sporadisch durch den rationalen Dschungel des Lebens im 20. Jahrhundert kundtut. Es handelt sich um zufällige Bohrungen in den lange vernachlässigten Tiefen des "Irrationalen". Im letzten Jahrzehnt, besonders nach dem Fall Tibets im Jahre 1959, hat das Wiedererscheinen des Mandala einen bewußteren Charakter angenommen. Das in jüngster Zeit aufgetretene Interesse für Meditation, Yoga und veränderte Bewußtseinszustände im allgemeinen hat dem Mandala zu erneuerter kultureller Bedeutung verholfen.

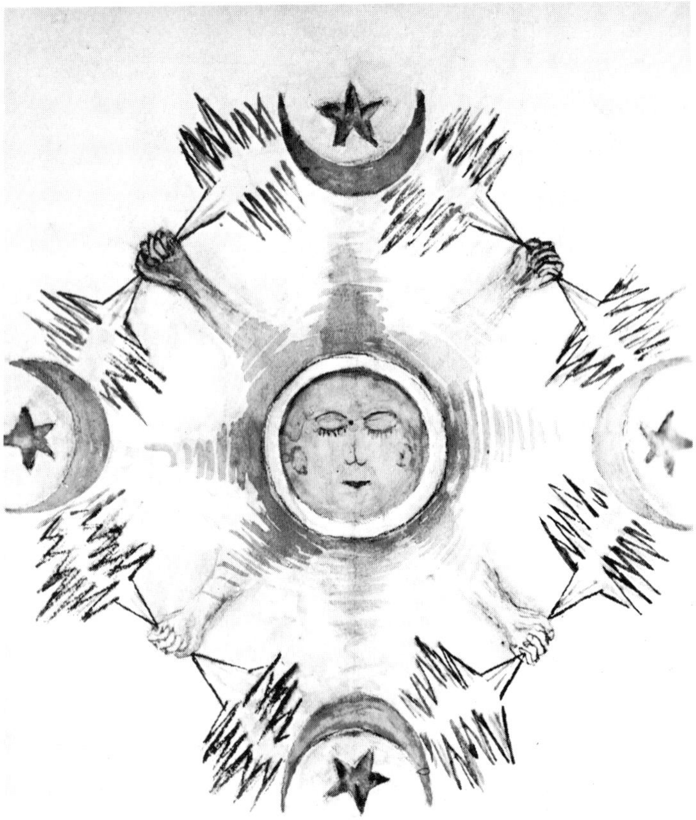

Der vierarmige Sonnen-Gott, von einem Patienten während einer Jung'schen Analyse gemalt

Da die Suche nach innerer Schau bei Individuen, die ihr Bewußtsein zu erweitern suchen, zu größerer Tiefe führt, werden Mandalas hervorgerufen und angefertigt, die ein neues spirituelles Wachstum widerspiegeln. Sie sind gemalte Markierungszeichen, die Türen zu neuen Reisen ins Innere und zu neuen Seinsmöglichkeiten öffnen. In einigen Fällen hat die Schöpfung eines Mandala und die Meditation über seine Vervollkommnung zu einer Suche nach neuen Lebensstrukturen geführt. Um dieser transzendenten Erfahrung Ausdruck zu verleihen, haben einige Personen neue Lichttechniken zur Schaffung jener größeren Tiefe erforscht; dabei enthüllten sie die Wechselwirkung bei Bildwerken, was oftmals zu geistigem Erwachen führt oder davon hervorgerufen wird. Für andere wieder ist das Malen von Mandalas zu einer Pilgerfahrt durch die Archetypen und Bewußtseinsstrukturen geworden. Es gibt auch jene, die herausgefunden haben, daß "gemalte Kuchen den Hunger nicht stillen"; diese haben sich intensiver der schwierigen Aufgabe unterzogen, dasjenige zu vermitteln, was mit Worten oder Bildern nicht ausgedrückt werden kann. Die Visionen, die wir wiedergeben, legen Zeugnis ab von den wieder geöffneten geistigen Toren innerhalb von Stahlwänden, Beton und Glas.

Erwache, erwache, o Schläfer im Lande der Schatten
Wach' auf!
Breite dich aus! William Blake

Im gegenwärtigen Kampf des Planeten bietet sich das Mandala selbst als Symbol des Samenkorns für eine harmonisierte Weltordnung an. Am Nullpunkt des Zyklus geistiger Verwirrung ist der Lebensfunken wieder gezündet worden. Die Vision einer wiederhergestellten Ganzheit und Brüderlichkeit breitet sich langsam im Bewußtsein der Menschheit aus. Obwohl nur Samenkorn im Augenblick, ist dies doch der Same einer unumgänglichen Evolution; und obwohl unsichtbar für unsere Augen, ist dieses Samenkorn bereits das Zentrum eines Mandala, das auf Einheit und spirituelle Erhebung hoffen läßt, so wie jede Vision aus der entferntesten Vergangenheit des Menschen.

Einstein, der Prophet der Erlösung von der Materie, erklärte: "Es gibt keinen logischen Weg, der zur Entdeckung dieser elementaren Gesetze führt. Es gibt nur den Weg der inneren Schau." So wie wir unsere Vision nach außen bis zu den Sternen hin ausgedehnt haben, so breitet sie sich jetzt im Inneren aus und umschließt dabei den Nährboden der Intuition. Was vor uns liegt, ist von einem rationalistischen Standpunkt aus ebenso schwierig zu begreifen wie es das wissenschaftliche Zeitalter für unsere Ahnen in den abgeschiedenen Klöstern des Mittelalters gewesen sein dürfte. Aber mit Hilfe weit offener Augen und intuitiven Gefühls mag der erwachte Reisende kaum Schwierigkeiten dabei haben, in den Bereichen der Zukunft den vierfachen Palast menschlicher Weisheit wahrzunehmen, der sich auf dem Mandala menschlicher Brüderlichkeit aufbaut.

Und jeder Teil der Stadt ist vierfältig, und jeder Bewohner vierfältig
Und jeder Topf und Gefäß und Hausgerät

Und jedes Haus vierfältig

William Blake

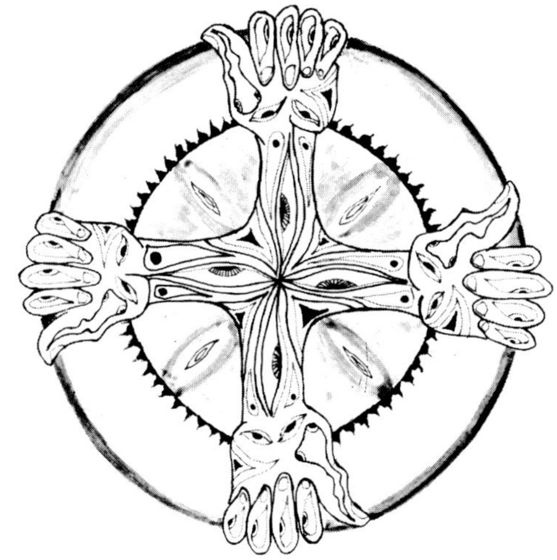

Als Prophet inmitten der "Mühlen Satans" sah William Blake das Mandala der vierfachen Vision Jerusalems voraus und erinnerte sich seiner. Dies ist die Schau der Zukunft - die ewige Stadt der inneren Schau.

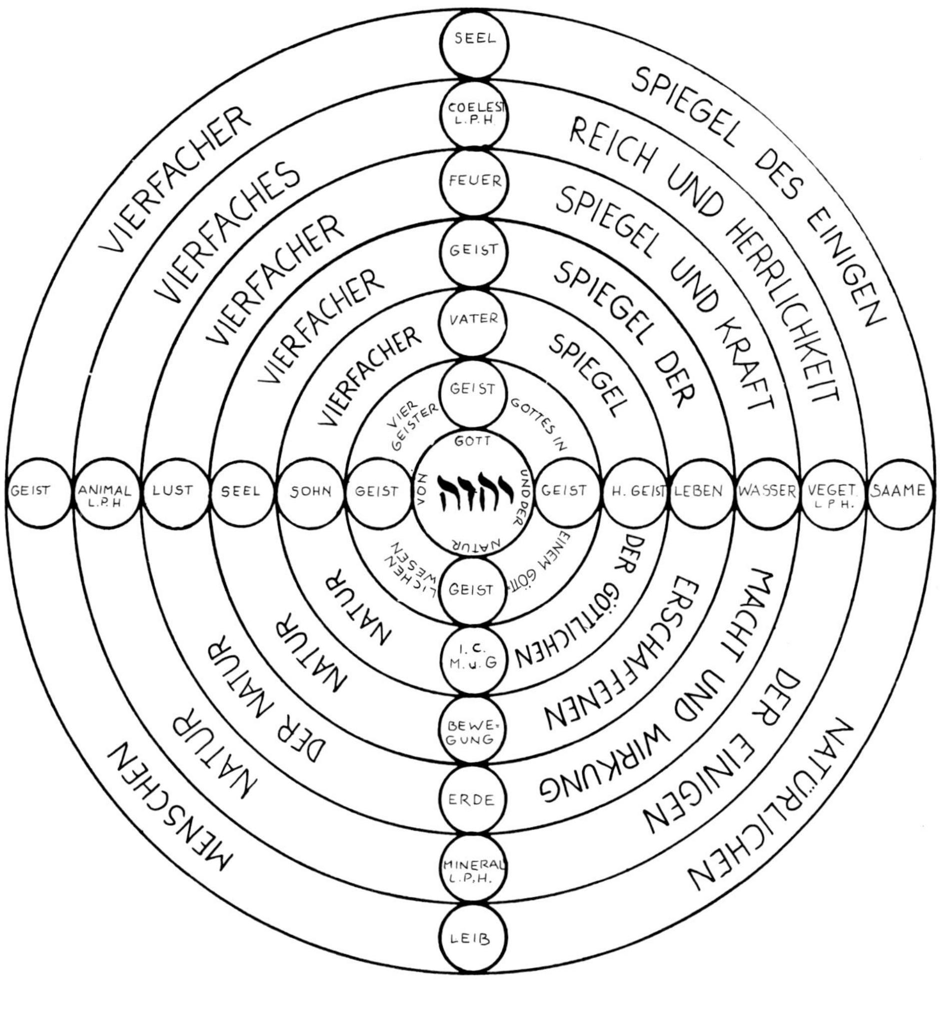

Ein weiterer moderner Prophet, der große Seher der Sioux, Schwarzer Hirsch, sah ebenfalls das vierfache Mandala menschlicher Bruderschaft voraus:

Dann aber stand ich auf dem höchsten von allen diesen Bergen und ringsum unter mir in der Tiefe lag der ganze Erdkreis. Und während ich dort stand, sah ich mehr, als ich sagen kann, und ich verstand mehr, als ich sah; denn ich schaute auf heilige Weise die Gestalten aller Dinge im Geiste, und die Gestalt aller Gestalten, wie sie zusammen leben müssen, gleich wie ein Wesen. Da sah ich, daß der heilige Kreis meines Volkes einer von vielen Ringen war, die einen Kreis bildeten, weit wie Tageslicht und wie Sternenlicht. In der Mitte aber wuchs ein üppig blühender Baum zum Schutze all der Kinder einer Mutter und eines Vaters. Und ich erkannte all dies als heilig.
Dann, als ich dort stand, kamen zwei Männer aus Osten, den Kopf voran wie fliegende Pfeile, und zwischen ihnen erhob sich der Morgenstern. Sie traten herzu, reichten mir ein Kraut und sagten: "Mit diesem wirst du auf Erden alles beginnen und ausführen." Es war das Morgenstern-Kraut, das Kraut des Verständnisses, und sie hießen mich, es auf die Erde fallen zu lassen. Ich sah es fallen, tief, und als es die Erde berührte, begann es zu wurzeln. Es wuchs und trieb Blüten, vier Blüten an einem Stengel, eine blaue, eine weiße, eine scharlachrote und eine gelbe; und ihre Strahlen strömten aufwärts zu den Himmeln, so daß alle Geschöpfe es sehen konnten und an keinem Ort mehr Dunkel herrschte.

Der Weg aber bis zu dieser Vision ist schmerzvoll und voller Tragik. Im Anschluß an das Gemetzel am Wounded Knee, das das Ende aller praktischen Ziele der indianischen Stämme in Amerika markierte, sprach Schwarzer Hirsch für die gesamte menschliche Rasse: "Es gibt keine Mitte mehr, und der heilige Baum ist tot." Nur in uns selbst vollziehen wir langsam die Umkehr. Jeder lebende Mensch muß zur dunklen Mitte gehen und wiedergeboren werden. Wir sind der verdunkelte Traum vom Jenseits; wir sind der Schatten des Traumes, der quer über die Erde fällt.

Obwohl das Mandala eine unveränderliche Größe ist, ist es ebenso ein Glaubensakt und ein organischer Bestandteil der persönlichen Suche nach innerer Schau. Die Autoren haben die Entwicklung des Mandala kaum mehr als fünf Jahre verfolgt. In diesen Jahren hat die Vision Wurzel gefaßt und sich über unsere ursprünglichen Gedanken und Beweggründe ausgedehnt. Als Studierende der Geschichte und Kultur waren wir mit dem Mandala als einer Kunstform des Ostens vertraut. Aber schon nach dem Durcharbeiten einiger äußerer Kultur- und Persönlichkeitsschichten wurde uns plötzlich die schöpferische Kraft des Zentrums offenbar. Als wir von dem Bewußtseinsstrom zwischen Wirbeln und Strudeln unbekannter und animistischer Figuren, Symbole und halberinnerter Zeichen ausgingen, übernahm das diamantene Zentrum des Mandala langsam unsere Zeichnungen und Bilder. Als wir dem Rhythmus des "Schlangenpfades" nachfolgten, entdeckten wir ein höheres Anordnungsprinzip, das tiefer verwurzelt war als jegliche Erinnerung. Nachdem wir aus unserem eigenen Bedürfnis heraus die vereinigende Vision des Mandala hervorgerufen hatten, begannen wir, ein wiederhergestelltes Gleichgewicht zu erfahren. Gleichzeitig damit kam der Glaube, daß im Menschen und durch den Menschen selbst der Weg der Umwandlung geschieht.

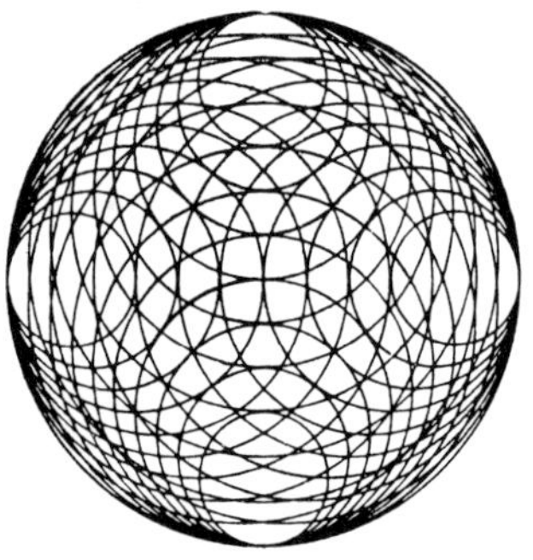

Wir lernten es, gemeinsam zu arbeiten und teilten unsere Einsichten und Entdeckungen. Wir stellten Versuche an, unsere Energien zu einem Bewußtsein zu verschmelzen, indem wir gleichzeitig an demselben Bild malten und häufig Stellungen und Pinsel übernahmen. Unsere Erfahrung dabei war, daß Gruppenbewußtsein nur so stark wie der Grad der Individuation sein kann, der von seinen Mitgliedern erreicht wird. Der Weg über den gegenwärtigen Bewußtseins-Stillstand heraus verläuft nur durch das Individuum.

Das Individuum ist ein Weg.
Es kommt nur auf den Menschen an, der den Weg geht. Saint Exupéry

In einem Gefühl individueller Einheit in uns selbst verwurzelt, wurden wir langsam zu einem Organismus mit zwei einmaligen, unverwechselbaren Zentren, die aus einer Quelle genährt wurden. Ein Mandala, größer als irgendetwas, das wir in der Malerei ausdrücken könnten, hatte sich zu entfalten begonnen.

Zwei Bilder, die Entdeckungen in unserer anfänglichen Erforschung des Mandala zum Ausdruck bringen, sind *Mandala der Oktave* (s. Tafel 11) und *Kreislauf des Lichts* (s. Tafel 12). Eines ist ausgeprägt männlich, das andere weiblich, obwohl keines davon völlig beides ist. Sie wurden gleichzeitig in einem

Zeitraum von ungefähr drei Monaten angefertigt. Von hier aus sollte das Mandala zu anderen Wegen und Methoden führen; seither haben wir niemals wieder so ausschließlich an derartig exakt formalen Mandalas dieser Stufe gearbeitet.

Mandala der Oktave

Die ursprüngliche Eingebung zu der *Oktave* war eine Intuition, die ich deutlich tief in meinem Inneren bis hin zu dem Punkte ekstatischen Entzückens verspürte. Wenn alles zu Energie wird, und die grundlegende Qualität von Energie ist eine ausstrahlende Freude, dann ist das Universum selbst im Grunde ein freudiger Gesang, vollkommen und glühend, der auch das letzte Atom mit dem Widerhall einer ungeheuren erschaffenden Woge ausfüllt. Als ich an dieser Idee arbeitete und mich damit fortentwickelte, wurde mein Glaube stark; die Gewißheit von jenem Licht, das alle Dinge durchdringt, gab mir eine selbst-erneuernde Kraft. Selbst wenn die Welt in den Fluten des Leidens untergehen würde, wußte ich zutiefst in meinem Inneren, daß Schmerz nur ein Übergang zwischen Unwissenheit und Erleuchtung ist. Selbst den einfachsten Handlungen und Formen liegt der erlösende Strom einer sich ewig selbstverwandelnden Energie zugrunde.

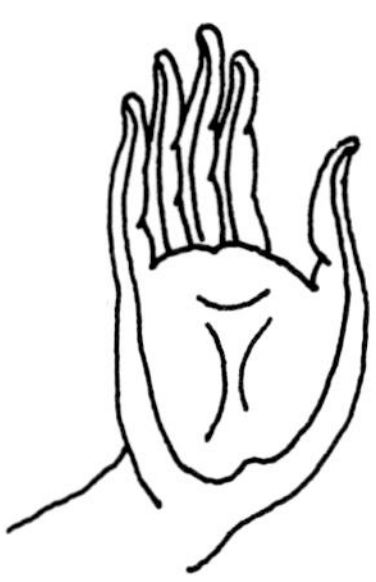

Diese innere Eingebung eines ursprungslosen Energiestroms wurde ergänzt von einem tiefen, grundlegenden Gefühl für Anordnung. Obwohl selber unbegrenzt, erhält sich Energie durch ständige Umgestaltung. Ihre Struktur ist nicht notwendig fest oder dauerhaft, wenn sie auch universelle Aspekte und Entsprechungen haben mag. Während dieser Zeit verschaffte das Studium des *I Ging* eine entsprechende Sicht der Gesetze und Bahnen, mit denen sich die Urenergie selbst organisch gliedert. Aus der Anordnung der *pa kua* heraus erhielt ich die zentrale Form der Oktave: das Achteck, das im Bild vom Mittelpunkt nach außen durch eine dichte Fülle von Energiefeldern nachhallt. Die Form des Achtecks ist nicht absolut, vielmehr ein bildlicher Ausdruck für die ursprüngliche Absicht organischer Gliederung.

In seinem verschlungenen Überfluß von Farbe und Form ist das Mandala vorherrschend *yang* - der einzige "negative" Raum wird von dem Oktav-Spiegel eingenommen. Das Bild bezeichnet das Ende einer Periode der Erforschung und Vervollkommnung meiner Männlichkeit - durch die Ausführung dieser Arbeit erlangte ich das Selbstvertrauen, das notwendig ist für eine tiefere Begegnung mit den Erfordernissen der Welt.

Im Mittelpunkt des Bildes befindet sich ein sechsgeteilter Zellkern von Rot und Grün - Komplementärfarben, die die Einheit der Gegensätze zum Ausdruck bringen. Von diesem sich drehenden Kern strahlen acht spiralförmige Strahlen feurigen Lichts und acht von himmlischem Blau aus. Über diese Himmelswölbung sind vier grüne Planetenkugeln gesetzt, die symbolisch für die Erde in ihrer jahreszeitlichen Drehung um die Sonne stehen. Über diesem inneren Himmelskern befinden sich formale Darstellungen der acht Grundzeichen der Vorweltlichen Reihenfolge, wovon die *pa kua* des Späteren Himmels der Innerweltlichen Ordnung ausgehen. An den Kardinalpunkten öffnen sich kugelförmige Regenbogen-Tore nach außen hin zu der dichten Bildung der Ursubstanz; starke Energieschichten strahlen von den 45°-Winkeln aus.

Der zentrale Energieausbruch wird gebändigt durch das irdische und beschränkende rationale Prinzip des Vierecks. Energie wird nicht unterdrückt; weil das Unbegrenzte der menschlichen Natur nicht angemessen ist, muß stattdessen ein Teil des Ganzen ausgewählt und als jener Teil der Realität bestimmt werden, wodurch sich ein Individuum zu gegebener Zeit selbst verwirklichen kann. Wie immer dieser Teil auch beschaffen sein mag: wenn sich ein Mensch ihm glaubwürdig widmet, wird er durch ihn das Wirken des Universums offenbart sehen. Und so wird das Viereck zu einem Palast, in dem die mächtig pulsierenden, sich gegenseitig durchdringenden Energiezyklen der inneren Oktave meditiert und angewandt werden können, um ins Grenzenlose hinaus zu projizieren.

An den vier Kardinalpunkten des Palastes des Vierecks gibt es eine weitere Folge von Toren: an der Spitze befindet sich das Tor des Südens und der Jahreszeit des Sommers; am unteren Ende das Tor des Nordens und des Winters; zur Linken liegt das Tor des Ostens und des Frühlings und zur Rechten das Tor des Westens und des Herbstes. Drei dreieckige Bergformen stehen bei den Ost- und Westtoren, die das Vorstoßen von höchstem Wandel bezeichnen, der während der Jahreszeiten stattfindet, welche diese Tore versinnbildlichen: Frühling und Herbst. An den Toren von Süd und Nord befinden sich abgerundete Formen, die die relative Statik von Sommer und Winter anzeigen. Von jedem dieser uranfänglichen Tore erheben sich Energiepyramiden, die bis zum Rand des Bildes reichen.

Der Palast von Energie und Wandlung - der Palast des Vierecks - wird vom Gürtel der Nacht umgeben, der die drei Berge oder Hügel der Jahreszeiten-Tore einschließt. Jede Seite dieses Gürtels enthält ein Symbol, das achtmal wiederholt wird und die Wächter einer jeden Jahreszeit oder kosmischen Entwicklungsstufe darstellt. Weiterhin ist der Gürtel der Nacht umgeben von Energiebändern; dahinter liegt der Bereich des Getriebes von Form und Zeit, wo große Regenbogenräder und blitzende Speichen atomare Lichter ausstrahlen. Diese Zone grenzt an den Oktav-Spiegel, der aus Mylar-Streifen gemacht ist. Der Spiegel ist gleichzeitig eine einweihende und schützende Vorrichtung. Um in den Palast von Energie und Wandlung hineinzugelangen, muß man durch den Spiegel gehen; dies zu tun, bedeutet, sich selbst wie in einem Spiegel zu sehen. Dies wiederum schützt symbolisch den inneren Gehalt des Mandala, denn nur jene, die rein genug sind, diesem Anblick standzuhalten, werden fähig sein, in den Bereich der ewigen Elemente hineinzugelangen. Später erkannte ich, daß das Mylar die gegenwärtige technologische Ära darstellt, durch die der Mensch gehen und sich selbst gegenübertreten muß, so wie er wirklich ist, wenn er die Einheit mit dem Energiekern wiederaufrichten will, die im Innern liegt.

Den Oktavspiegel umgibt ein großer, alles umschließender Regenbogen-Kreis - das himmlische Kaleidoskop des zerlegten Weißen Lichtes, das die Ursubstanz symbolisiert. An den vier Ecken des Bildes befinden sich eigentlich vier energetische Halbkreise, die sich zu anderen Universen hin öffnen und unaussprechlich strahlen. Das gesamte *Mandala der Oktave* ist im wesentlichen ein unendlich wiederholbares Modell, genauso wie die Oktave in der Musik. Obwohl ich von ihm als unendlich wiederholbar spreche, ist sein Inhalt unendlich wandlungsfähig.

Ein Physiker bemerkte einmal, daß ihn dieses Mandala an eine Grundform in der Quantenmechanik erinnere. Es macht wenig Unterschied, ob es eine Anspielung auf die moderne Physik ist, auf die Musik, auf die acht Symbole der Wandlung oder das Achtfache Rad des Gesetzes - das Rad der Lehre. Wenn vom Standpunkt der modernen Physik aus gesehen das Universum nicht notwendigerweise Materie, sondern Musik ist, dann ist der Traum des Dichters ebenso gültig wie das Tosen der Lokomotive; und das Rad des Gesetzes, das der Buddha abstieß, hallt noch immer wider mitten unter dem Dröhnen und Klappern, dem Schwirren der mechanisierten Geräte. Was verändert sich und was bleibt das gleiche?

Wenn du dein Herz auf einen Punkt hin ausrichtest, dann wird dir nichts unmöglich sein.

Buddha

Kreislauf des Lichts

Kreislauf des Lichts ist eine Äußerung von Energie komplementär zu derjenigen, die José oben beschrieben hat. Es geht nicht darum, eine Dualitäts-Lehre über unseren Arbeiten aufzubauen. Jeder Gegensatz wird Teil eines umfassenderen, ergänzenden Ablaufs, sobald einmal das Lebensmuster von Geburt und Tod erkannt worden ist.

Durch solche Überlegungen lernte ich langsam die Art und Weise kennen, in der mein eigenes Wesen mit dem Mandala und seinen Grundsätzen von Organizität und Ganzheit mitschwingt. Dies war und ist keine einfache Aufgabe. Der Vorgang der "Mandalisierung" trägt sich nicht nur in Augenblicken der Meditation zu, sondern ist fest in das Gefüge des täglichen Rhythmus verwoben – wachen, schlafen, atmen, lieben, malen, sprechen, Geschirr abwaschen ...

Während dieser Erforschung des Mandala las ich *Das Geheimnis der Goldenen Blüte* und wurde von den Abschnitten angezogen, die sich mit dem "Kreislauf des Lichts" beschäftigen. Mit dem, was ich las, verspürte ich eine tiefe Verwandtschaft – seine Quelle und die meinige schienen ein und dieselbe zu sein. Ich ging durch einen Durchgangsritus hindurch – die Initiation in das Mandala. Obgleich weit entfernt von jeglichem traditionellen Mandala-Ritual, war der Ritus aus Notwendigkeit heraus entstanden und für meine Situation völlig angemessen.

Ich vergegenwärtigte mir die wechselseitige Abhängigkeit von Herz und Atem und stellte fest, daß der Kreislauf des Lichts mit dem Muster der Atmung verbunden werden muß.

> *Das Licht ist nicht nur im Leib, es ist aber auch nicht (nur) außerhalb des Leibs. Berge und Flüsse und die große Erde werden von Sonne und Mond beschienen: das alles ist dieses Licht. Darum ist es nicht nur im Leib. Verständnis und Klarheit, Erkennen und Erleuchtung und alle Bewegungen (des Geistes) sind ebenfalls alle dieses Licht . . .*
>
> *Die Lichtblüte von Himmel und Erde erfüllt alle tausend Räume. Aber auch die Lichtblüte des einzelnen Leibes durchzieht ebenfalls den Himmel und deckt die Erde. Darum, sowie das Licht im Kreislauf ist, sind damit gleichzeitig auch Himmel und Erde, Berge und Flüsse alle im Kreislauf.*

Die Betrachtung der Lichtblüte von Himmel und Erde und des eigenen Körpers setzte eine ungeheure Energiemenge frei. Innerhalb jenes goldenen Lichtes fühlte ich mich selbst und das mich umgebende Universum als einen pulsierenden Organismus - einen Geist. Himmel, Erde und Mensch: alles bewegt sich gleichzeitig in einem rhythmischen Muster, eine ekstatische Sphärenmusik: ein Kreislauf des Lichtes.

Dieser Kreislauf hatte keinen Rhythmus, den ich mit den Ohren hören konnte - nur mit dem Herzen. Es gab kein Atmen, kein Geräusch - einfach Stille durchdrang mein gesamtes Wesen. Ich wurde von der Schönheit und Leichtigkeit davongetragen, womit die Bestandteile dessen, was ich mich selbst nannte, in sich zusammensanken. Ich - oder mein Energiezentrum - wuchs, umschloß meine Glieder, dehnte sich aus und ging durch mich hindurch, über die Erde, Bäume, Himmel und das Firmament hinaus. Alles war Teil eines herrlichen Kristallrades, das von reinem Licht umschlossen war, welches sich um einen Punkt dreht und in diesem existiert. Die Mitte oder Nabe des Rades war die eine Mitte des Universums. Es war Unendlichkeit, wo es keinen Anfang oder Ende mehr gibt. Das Rad sah so aus, als könnte es aus Eiszapfen gemacht sein: transparent und doch fest und zart, Licht zurückwerfend und ausstrahlend.

Die Vision der Ganzheit inspirierte mich dazu, den *Kreislauf des Lichts* zu malen - zu versuchen, die Erfahrung des Licht-Körpers, die harmonische Klangfülle der gesamten singenden Natur organisch zu gestalten. Mein Herz konzentrierte ich auf einen Punkt; das Bild wurde zum Hilfsmittel, um mich weiter fortzubringen und den Kreislauf des Lichts umfassender in meinen gesamten Lebensprozeß zu integrieren.

Obwohl ich dieses Gefühl völliger Ganzheit erfahren hatte, bemerkte ich einen Aspekt innerhalb des gesamten Vorgangs, den ich nur als Manifestation animistischer Formen umschreiben kann. Ich traf mit dem Drachen im Inneren zusammen, der die Beziehung zwischen unbewußten Neigungen, versteckten Meinungen und Ängsten im Menschen und ihre Projektionen auf den Bildschirm der Existenz in Form von Tieren, Bestien und Dämonen enthüllte. Durch diesen Vorgang lernte ich, daß der Mensch sich selbst gleichzeitig sein Paradies und seine Hölle schaffen kann.

Indem ich mich selbst mit den animistischen Energien identifizierte, wurde ich gewahr, daß es sich nicht einfach um Bestien oder Tiere handelt, sondern um geistige Wesenheiten - Geister, die eine Unzahl von Wegen symbolisieren und Wächter, Führer und Begleiter entlang des Weges sind. Sie sind da, um zu dienen - genauso wie wir. Sie sind hier, damit wir erkennen können, daß Dualismus mit dem Heraufdämmern von Licht verschwindet. Als ich mich auf diese Wesen konzentrierte und mich mit ihnen identifizierte, lösten sie sich auf und verloren ihre bestimmende Eigenschaft. Sie verwandelten sich selbst in einen reinen Seinszustand und wurden Teil jenes goldenen Lichtes.

In diesem Mandala wollte ich die animistischen Neigungen in einen höheren und umfassenderen Standpunkt übergehen lassen. In den Mittelpunkt des Bildes projizierte ich jenen Punkt innerhalb der Zeit hinein, wenn die Materie gerade geschaffen wird. Die Form, die erschien, war eine amorphe Gestalt mit einem gewaltigen Potential. Die verschiedenen Blauschattierungen illustrieren den reinen Geist, der in der Materie verborgen ist. An diesem Punkt und Augenblick hört die Trennung zwischen Materie und Nicht-Materie auf.

Um den Mittelpunkt herum sind eine Reihe von Ringen oder Kreisen aus Feuer/Licht angeordnet. Sie fungieren als Sperren, die die reine Quelle vor dem Eindringen unreiner Geister, Gefühle und Gedanken beschützen; und vor jenen, denen die Kraft fehlt, den Sprung des Glaubens zu vollziehen - ihre Unwissenheit im Feuer der Erkenntnis zu verbrennen. Diese Ringe stehen sinnbildlich für das letztendliche Licht, das Licht des Hereinkommens und des Herausgehens.

Die farbigen Feuerringe bilden den äußeren Kern des Mittelpunkts des achteckigen Sterns. An die Kardinalpunkte der Ringe - Nord, Süd, Ost, und West - sind wachsame Geistwesen gesetzt. Der Stern verkörpert die gesamte Persönlichkeit - die Seinsblüte.

Tafel 11: *Mandala der Oktave.* José Argüelles

Tafel 12: *Kreislauf des Lichts.* Miriam Argüelles

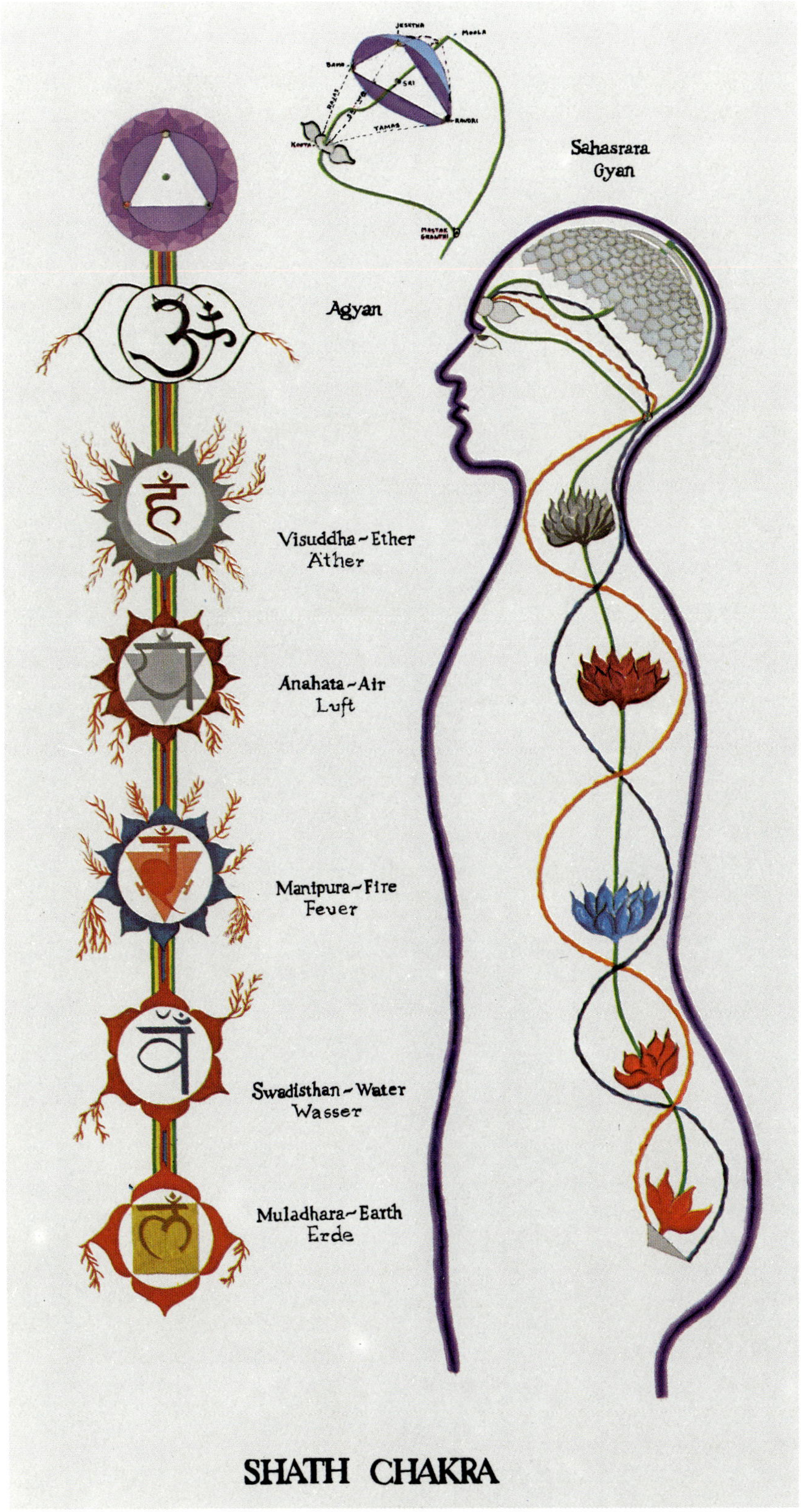

Tafel 13: *Chakra-Darstellung*

Tafel 14: *Damit eine neue Geburt stattfinden kann, muß der Magier über die Erde wandern.* José und Miriam Argüelles

Tafel 15:
Ausstrahlende Frau.
José Argüelles

Tafel 16:
Ausstrahlender Mann
Miriam Argüelles

Die tatsächliche Struktur des Sterns - die Zahl der Blütenblatt-Spitzen - symbolisiert die Arbeit, die der Mensch ausführen muß, um eine Harmonie oder ein Mitschwingen mit einer höheren Ordnung zu erlangen. Durch bewußte Beherrschung kann der Mensch dann durch jene Struktur gelangen, die er selbst geschaffen hat und aus ihr herausbrechen - ziemlich ähnlich wie der Zen-Meister, der die Flasche zerbricht, um ihren Inhalt herauszulassen. Der Mensch kann so sorgfältig und beharrlich vorgehen, daß sich an einem Punkt - Phat! - ein kleines Stück von der Schau des Universums auftut und ihm ein kurzer Einblick in die Ewigkeit gegeben wird.

Jene Ewigkeit wird durch das tiefe Meerblau dargestellt, das zwischen den Blattspitzen der Sternblume liegt. Das Blau des ewigen Firmaments, das den Stern umschließt, ist das gleiche Blau, das sich im Zentrum des Mandala befindet. Es ist Teil der grenzenlosen Quelle. Wenn der Mensch zerstreuter wird, in dem Maße, wie die zentripetale Bewegung zunimmt, werden seine Rollen zahlreicher. Dennoch existiert die Möglichkeit zur Vereinigung, und der blaue Himmel ist eine Mahnung daran.

In die Blattspitzen im Norden, Süden, Osten und Westen sind kardinale Totemabzeichen gesetzt. Die Bedeutung, die ihnen zugeordnet wird, hängt von demjenigen ab, der sie betrachtet; sie dienen als Spiegel, die die ersten Anhaltspunkte von Kultur und Persönlichkeit widerspiegeln. Gemeinsam mit dem fünften - dem Mittelpunkt - ermöglichen diese vier Punkte dem Menschen den Umwandlungspunkt, so daß er durch einen weiteren Ring aus Feuerlicht springen kann. An den Punkten Nordost, Nordwest, Südost und Südwest werden Andeutungen auf weitere Universen gezeigt, die den Menschen an seinen Kreislauf ohne Anfang erinnern sollen.

Über der Sternenblume befindet sich ein Kreis von Sonnen. Wenn der Stern das gesamte Sein des Menschen darstellt, dann beschreibt das Sonnenband die einfache Tatsache, daß es unzählige Menschen, Blumen, Lebewesen und Sonnen im Universum gibt. Damit das Licht kreisen kann, muß es sich durch alle Dinge hindurch bewegen, nahe und ferne, sichtbare und unsichtbare. Um dieses Sonnenband herum liegt eine größere Schranke aus Feuerlicht, von der zwei Seitenprofile ausgehen. Das hervorstechendste Kennzeichen sind die facettenartigen Nasen, äußere Atmungskanäle für den Lichtkreislauf. Die Lippen dieser Wesen bilden zwei Ränder in Form von Viertelkreisen entlang der unteren rechten und linken Ecke des Bildes.

Auf diesen Seitenprofilen ist die Vorderansicht eines Gesichts überlagert; die Augen kreisen die Nordwest- und Nordost-Punkte der Sternenblume ein. Der obere Teil des Mundes berührt die südliche Blattspitze der Sternenblume. Der Scheitel oder die Antennen reichen vom nördlichen Punkt des Sonnenkreises bis zu den oberen Viertelkreisen an der linken und rechten Ecke. Die weitere Beschreibung dieser geistigen Wesen ist schwierig, denn sie zu entdecken und wieder zu entdecken ist ein ziemlich subtiler und persönlicher Vorgang. Jeder Mensch sieht auf einzigartige Weise. Aber die Grund-Schablone ist da.

Die äußeren gelben und blau-violetten Feuerringe, aus Komplementärfarben, die eine blitzartige Wirkung hervorrufen, dienen dazu, den Meditierenden in das Mandala hinein oder aus ihm heraus zu ziehen; es wird damit zu verstehen gegeben, daß der Meditierende nicht einfach mit dem Bild aufhört, das ja nur eine Erweiterung oder Kristallisation des Lebens ist. Schließlich befinden sich an den vier Ecken noch Erscheinungsformen der vier ursprünglichen Wächter. Diese geistigen Wesen sind Schützer, die den einweihenden Aspekt dieses Mandala hervorheben. Das Pulsieren der gelben und blauen Feuerbänder, die Ringe aus Feuer-Licht, die Farben und Formen des gesamten Bildes knüpfen die Verbindung zu der Einheit von Atem und Herz und ermöglichen es dem "Kreislauf des Lichts", ungehindert zu fließen.

Der Mensch ist gleichzeitig die jüngste und die am höchsten entwickelte Gattung des Planeten. Er ist das Geschöpf, das, aufgrund seiner "Neuheit", die Speicherkammer von all jenem ist, was ihm herunter bis zum ursprungslosen Ursprung aller Dinge vorausgeht. Aufgrund dieser Merkmale ist er ebenfalls das Geschöpf, das am ehesten ordnen und vereinen kann. Seine Aufgabe ist unermeßlich, er hat kaum damit angefangen. George Oshawa hat aufgezeigt, daß, wenn eine Umdrehung der Milchstraße des Sonnensystems zweihundert Millionen Jahre braucht und dies einem Milchstraßenjahr entspricht, der Mensch erst neun Tage alt ist.

Der Kampf, der den Menschen umgibt und erfüllt, ist wenig anders als die Schmerzen bei der Geburt - Stöße und Schreie. Obwohl der Mensch das am kompliziertesten zusammengesetzte Geschöpf ist, unterscheidet sich die "Arbeit", die er durch sich selbst vollbringen soll, in Ablauf, Struktur oder Grundgedanken nicht wesentlich von derjenigen der Blume. Der Mensch ist roh und ungeformt; die Gesamtheit seiner Gattung muß sich trotzdem selbst zum lebendigen Mandala planetarischer Schöpfung formen. Der Mensch hat seine Stärke entdeckt - und mehr als stolz zur Schau gestellt - , nun muß er lernen, sie unter Kontrolle zu bringen. Sich zu verwandeln und dennoch deutliche Formen anzunehmen, einen Körper zu haben und diesen doch zu durchdringen; zu Resonator und Antenne zu werden, um die höheren Energien zu "erden", die für die nächste Entwicklungsstufe notwendig sind, in der der Mensch die Erde verwandelt - dies ist der Geburtsvorgang des Augenblicks.

Gemeinsam arbeiteten wir an unserer Sicht eines "Geburtsvorgangs": *Damit eine neue Geburt stattfinden kann, muß der Magier über die Erde wandern* (siehe Tafel 14). Der Zeitraum, in dem wir zusammen an diesem Bild arbeiteten, entsprach der Länge von Miriams Schwangerschaft. Die Zeit der Schwangerschaft schien am geeignetsten dafür, Kräfte auf eine Anstrengung hin zu vereinigen, die unsere Energien für das kommende Geburtsritual stärken würde. Das Wachsen des Bildes während dieser Monate war wie eine psychische Widerspiegelung des Vorgangs, der sich im Mutterleib ereignete. Wunderbar und neu stieg das Wesen, das Miriams Bauch ausdehnte, auf wie in einer totemistischen Explosion sich schlangenartig windenden Lichtes.

Als eine Vision des Magischen beim Vorgang der Entstehung von Leben beschwört dieses Bild die Kunst der Heiligtümer der steinzeitlichen Höhlen - das Geheimnis des Lebens wird in einer Vermischung von Vergänglichkeit und Transzendenz verherrlicht, durchleuchtet von der ätherischen Erscheinung der Hand- und Fußabdrücke der künftigen Eltern. Genauso wie das Zusammenkommen notwendig gewesen war, um unser Kind zum Leben zu erwecken, meinten wir, um mehr als einfach die Summe zweier Einzelwesen zu werden, daß wir uns selbst noch einmal in ein Gruppenmandala versenken müßten. Durch den mandala-haften Prozeß unterwarfen wir uns einem höheren Ursprung - der gemeinsamen Wurzel, aus der alle einzelnen Wesen hervorgehen.

Austrahlender Mann und Ausstrahlende Frau

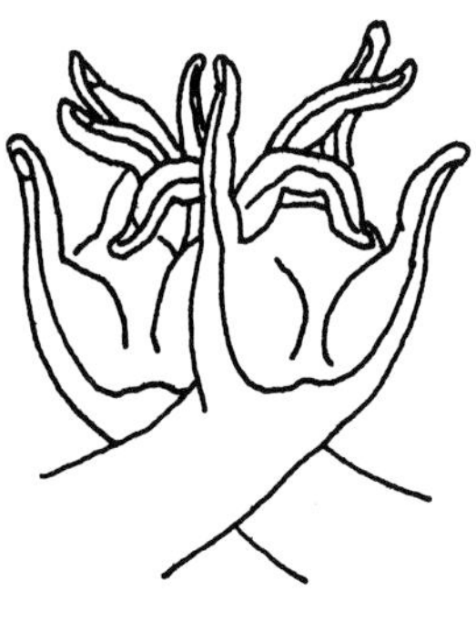

Selbsterneuert und als eine Familie wiedererschaffen, fanden wir die Kraft dazu, zu unseren einzelnen Zentren zurückzukehren - um dort Widerspiegelungen vom anderen zu sehen. Es ist Illusion zu sagen, ich bin nur Frau - *Yin* - oder ich bin nur Mann - *Yang.* Alle Erscheinungsformen im Universum sind eine Vermischung dieser beiden Aspekte des vereinenden Grundgedankens, und jedes Ding ist letzten Endes eine Widerspiegelung dieser Einheit. *Ausstrahlende Frau* -Vermittler des *Yin*-Prinzips - wurde vom Mann ausgeführt, und *Ausstrahlender Mann* von der Frau (siehe Tafel 15). Für jeden von uns war es eine Übung, die unserem eigenen Geschlecht vermutlich jeweils entgegengesetzten Qualitäten zu entwerfen. Fast ein Jahr lang arbeiteten wir gemeinsam an diesen Bildern und erlangten durch diesen Prozeß ein tieferes Verständnis der universellen *Yin-Yang*-Natur.

Um "das Weibliche" zu verstehen, muß über das am meisten aussagende Merkmal von *Yin* meditiert werden - passive Hingabe - aber nur, weil es ein Kennzeichen des vereinenden Prinzips ist. Ähnlich verhält es sich mit *Yang*, dessen Haupteigenschaft eine alles-durchdringende Ausgangskraft ist. Diese Fähigkeiten sind untereinander notwendige Ergänzungen. Ein Mann, der für sich selbst die Fähigkeit zu passiver Hingabe leugnet, ist ein anmaßender Despot; eine Frau, die für sich selbst die Energie anfänglicher Kraft verneint, ist ein wertloses Gefäß. Die vereinende Kraft, Tao - das universelle Gesetz - ist beides. Wohin kann die Kraft, die von der Urquelle hervorgerufen wird, sich wenden, wenn nicht in das Gefäß passiver, aufnahmebereiter Hingabe, und was kann dieses empfangende Element entgegennehmen, wenn nicht die göttliche Energie anfänglicher Kraft?

In den Bildern *Ausstrahlender Mann* und *Ausstrahlende Frau* wird die Hingabe durch die Hände bezeichnet, die über dem Kopf erhoben sind. Alpha und Omega liegen in den Händen des Mannes, in der Frau die Kernzeichen der Schöpfung selbst. Die Alpha- und Omega-Hände der Hingabe unterhalb der *Ausstrahlenden Frau* offenbaren die Ehrfurcht, die der Mensch jenem Element entgegenbringen muß, das ihn zur Welt bringt und ernährt. Jede Schöpfung preist den Schöpfer auf soviele Arten, wie es Formen und Seinsmöglichkeiten gibt. Jedes Geschöpf ist seinem tiefsten Wesen nach ein Akt des Rühmens, und der natürliche Ausfluß des Rühmens ist die Hingabe. In jedem Manne gibt es eine empfangende Frau. In jeder Frau existiert ein Mann, der unbeschränkt gibt. Die bewußte Vergegenwärtigung des dynamischen Miteinanders beider Elemente innerhalb eines Individuums bringt eine Aura strahlender Schönheit und Freude zur Entstehung.

In der *Ausstrahlenden Frau* bricht die Aura förmlich hervor; im *Manne* ist sie gebrochener. Die *Frau*, das Empfangende, getragen von einem Bett ausgestreckter Schlangenform, öffnet ihre Freigebigkeit dem Licht. Der *Mann*, der Urheber, steht fest in der Nacht. Der innere Ring der *weiblichen* Aura ist ein Kreis von Monden in einem feurigen Band - der *Mann* strahlt die spiegelhafte Aura aus, in der alle Dinge klar unterschieden werden. Zu Füßen der Frau befindet sich der See des Tao, von dem eine Leiter aus Lotusblumen aufsteigt und wieder herabsteigt. In den Gliedmaßen dieser ausstrahlenden Wesen liegen die verflochtenen Formen organischer Ausdehnung, vermischt mit Schriftzeichen und Hyroglyphen astraler Erscheinung - nicht nur das Auge sieht, nicht nur der Geist nimmt wahr; überall ist die Sprache der Schöpfung eingezeichnet, und es bedarf nur des Auges der Hingabe, um sie zu entziffern.

Die Körper des *Ausstrahlenden Mannes* und der *Ausstrahlenden Frau* füllen eigentlich Energiezentren aus, die Chakras. Leiblich-seelische Einheit wird erreicht durch die ineinandergreifende Wirkungsweise dieser Zentren. Das niedrigste Energiezentrum ist das Wurzelchakra. Im *Ausstrahlenden Mann* ist dies ein zwölffaches Samenkorn, das die Symbole der zyklischen Aufeinanderfolge der Wandlung umfaßt - gleichermaßen aus Astrologie und *I Ging*. Aus dem Wurzelzentrum der *Frau* strahlt ein tatsächlicher Organismus aus - was im *Manne* möglich ist, wird wirklich durch die *Frau*.

Über dem Wurzelzentrum liegt das Chakra der Fortpflanzung. Im *Manne* wird die sexuelle Energie zu einer spiralförmigen Form verwandelt, die die Energie zum nächsten Wirkungsbereich weiterführt. Auf jeder Seite des weiblichen Zentrums befindet sich ein Abbild der Erde, des Planeten der Dualität, der aus dem dunklen Nährboden des Alls heraus geboren wird. Das dritte Zentrum ist dasjenige ursprünglicher, ichbezogener Energie. Im *Manne* umgibt die Spiegel-Aura, symbolisch für die Umwandlung der drei niederen Energiezentren, den Bereich des Wurzel-, Fortpflanzungs- und Ichbezogenheits-Chakras. Dieses sind die am meisten tätigen Zentren des körperlichen Sinnenmenschen, ohne deren Umwandlung das höhere oder innere Selbst nicht ausgebildet werden kann. In der *Ausstrahlenden Frau* ist das primär ichbezogene Zentrum die tatsächliche Mitte der strahlenförmigen Aura, was symbolisch dafür steht, daß nur durch das Individuum allein jene Umwandlung möglich ist.

Durch das Herzzentrum hindurch fließt der Energiestrom selbstloser Liebe - Mitleid. Dieses Chakra zeigt eine entsprechende Entwicklung und Vollendung des zweiten Zentrums, des Chakras der Fortpflanzung, ebenso wie das egobezogene Zentrum eine Erfüllung des Wurzelsystems ist. Die praktische Verwirklichung des Herzzentrums zeigt den Beginn der Entwicklung eines unabhängigen inneren Organismus an, der in der Wahrheit der Selbstlosigkeit ruht. Das fünfte Zentrum, das auf der physischen Ebene der Stimme und der Kehle entspricht, ist das Chakra der Propheten – jenes Zentrum, aus dem das heilige Wort, der Logos, ausströmt: *Jahwe,* der Ahnherr göttlichen Ausdrucks. In der *Frau* umschließt dieses Zentrum das tibetische Mantram *Hum* - der Ton der Integration und Einheit. Weil das fünfte Zentrum die entsprechende Entwicklung des ichbezogenen Zentrums von einem Zustand ausschließlicher Beschäftigung mit sich selbst zu einem der Ausdehnung und organischen Einbeziehung aller Lebewesen und Geschöpfe darstellt, ist es die schwingende Quelle alles-umfassender Weisheit.

Über dem Chakra der Propheten liegt das sechste Chakra, das die Entwicklung der fünf vorangehenden Stufen zusammenfaßt und diese transzendiert, sich selbst eingeschlossen. Dies ist das Zentrum der Energie des Geistes, der all-sehenden Weisheit, das auf der physischen Ebene dem Kopf und dem Denkzentrum entspricht. Im *Ausstrahlenden Mann* ist der Kopf oder das Gesicht eine abstrakte Maske, zeitlos und ohne Alter, in der starke latente Energiekräfte konzentriert sind: ihre Aura des Glanzes ist wie die Sonne, die vom Lichtauge getragen wird. Weil sie die besondere Eigenschaft ihres Schöpfers trägt, ist die Maske der *Ausstrahlenden Frau* menschlich erkennbar, obwohl nicht weniger strahlend und voller Licht. Sie trägt die Tiara des Heiligen Klangs, dessen Töne die Fläche ihrer Aura ausfüllen. Der Raum zwischen den nach oben erhobenen Händen beider Figuren ist die leuchtende Leere- die Hände selbst reichen in jenseitige Bereiche hinein. Der Mensch ist weder Anfang noch Ende.

Das Mandala stellt einen Weg dar, der zur Verwirklichung des neuzusammengefügten Individuums als einer sich selbst-erhaltenden und selbst-erhellenden Ganzheit führt. In die Zukunft hinein zu planen, heißt nur, vom schon in der Gegenwart vorhandenen Potential zu sprechen.

Wenn ein Mensch dazu in der Lage ist, sich selbst zum Mandala hin zu ordnen, wird sich daraus eine Entfaltung bisher brachliegender Energien innerhalb seines bio-organischen Gefüges ergeben. Diese Energien werden am meisten dabei dienlich sein, eine von vielfachen Zentren ausstrahlende Planetenkugel zu schaffen. Dies ist in Teilhard de Chardins "Noosphäre" mitinbegriffen: eine glänzende, pulsierende Aura, ein phosphorisierendes Plasma, die letzte Erdschicht, die sich ausdehnt und öffnet in ihrer Verschmelzung mit den Bereichen des Kosmos. Um diese Vision zu verwirklichen, ist Mut zu Veränderung die hauptsächliche Vorbedingung; einfach zu werden und sich doch zu erweitern, sich zu reinigen und zur Einheit zu gelangen, sich zu individualisieren und mit allen anderen Formen und Entwicklungsmöglichkeiten untereinander zu verbinden - *dies* ist die Bestimmung des Menschen.

Weil es die ursprünglichen Anfänge in sich enthält, ist das Mandala ein Hilfsmittel für die menschliche Evolution der Zukunft. Die geistige Vergegenwärtigung und Schaffung des Mandala erhält ihre Weihung dann, wenn sich das Individuum selbst in allen Dingen erkennt und weiß, daß es das Mandala in sich einschließt. Die Vereinigung mit dem Mandala wird zur Vorbereitung der Umwandlung. Ein vertiefter Einblick entsteht, der die gewöhnlichen und allzu engen Begrenzungen des Alltags überschreitet, der nach dem unvermeidlichen Lauf von Gedankensystemen gelebt wird, die wachsen, reifen und vergehen wie alle bedingten Erscheinungen.

Bevor sich unsere Einstellung ihr gegenüber nicht ändert, wird sich auch die Welt niemals ändern. Die veränderte Einstellung muß in ihrer Wurzel fest, beständig an ihrer Basis und ganz in ihrer Frucht sein. Wenn ein Verhalten verändert werden kann, dann wird sich auch die Weltstruktur verändern, die jenes Verhalten voraussetzt. Dies wird erreicht, indem die Tore der Angst durchbrochen werden - Furcht, Unwissenheit und Begierde sind es, die ein bestimmtes Verhalten einschließen und folglich die menschliche Fähigkeit in Fesseln legen, sich offen zu verhalten und sich in Frieden mit sich selbst zu befinden.

Der Weg des Scheines, der gewöhnlich verlassen werden soll, ist nicht die Welt, wie sie vor unseren Sinnen erscheint, sondern unsere Gefühle und Vorstellungen darüber . . . Die Überwindung besteht in einer Ausrottung des gewöhnlichen Wegs des Scheins und des Verlangens nach ihm, indem man seine Gefühle und Vorstellungen darüber verändert, wenn das, was man sich klar vorgestellt hat, in all seiner Transparenz vor dem Geiste erscheint. Dies geschieht dann, während man sich die Welt und ihre Bewohner als ein Mandala *vorstellt und sich selbst verwandelt fühlt, wenn sich gleichzeitig die Fähigkeit des Fühlens umgestaltet und das* Mandala *gegenwärtig vor dem Geiste steht. Es genügt nicht, eine kleine Veränderung für einen Augenblick hervorzubringen, es muß eine dauerhafte Erfahrung sein.*

Tsongkhapa

In dem vollständigen Prozeß des Mandala ist eine Rückkehr zum Ursprungspunkt enthalten. Die Rückkehr ist abhängig von der Übertragung der Bewußtseinsinhalte auf das projizierte Mandala, so daß der Geist in das Mandala hinein verwandelt wird. Aufgrund dieser geistigen Veränderung wird der alltägliche Ablauf allmählich zum Mandala gestaltet. Grundlegende körperliche Funktionen werden als untereinander zusammenhängendes Ganzes erfahren; Gefühle und gefühlsmäßige Veranlagungen bekommen ihre Farben und Kardinalpunkte zugeordnet; verschiedene Arten der Wahrnehmung werden unterschieden und nehmen ihren Platz im Umkreis des Seins ein; der Wille und willensmäßige Neigungen werden demgemäß zur Harmonie gebracht; das Bewußtsein wird in ein Werkzeug zur Unterscheidung verwandelt, das gleichzeitig jenseits aller Bedingtheit und begrifflichen Erfassung steht und doch in den ständigen Fluß des Wandels eingetaucht ist. Die Welt und ihre Bewohner werden als organische Facetten eines Mandala erkannt.

In dem tibetischen Yoga-Ritus des Nicht-Ich wird die verwandelte Haltung symbolisiert durch ein Opfern des Mandala, das als der eigene Körper des Yogi verstanden wird. Dieses Körper-Mandala wird sich vorgestellt als ein Wesen, das sich aus jeglichem weltlichem Gegenstand der Begierde zusammensetzt. Wenn er sich zum Opfer bringt, rezitiert der Yogi:

Der trugvolle Körper, den so kostbar ich wähnte,
Als aufgeschichtet Opfer sei er hingegeben
Bedenkenlos den Göttern all, die in Gemeinschaft ich erschau,
Und bis zur Wurzel seines Selbsts sei er vernichtet!

Die zum Mandala hingewandte Einstellung ist weder egozentrisch noch notwendigerweise anthropomorph. Nichts ist dabei ausgeschlossen; alles erhält seinen Platz und wird als organischer Bestandteil des gesamten Ablaufs verstanden. Und weil alles aufeinander bezogen ist und nur durch diese Wechselbeziehung Bedeutung erhält, werden die Dinge an sich als leer von jeder Eigen-Natur angesehen. Diese Offenheit ist die Grundlage aller Dinge und befindet sich mitten im Zentrum des Mandala. Dies macht die auf das Mandala bezogene Haltung zu einer beständig sich umwandelnden Vision, denn sie ist im Nichts verwurzelt und kann sich selbst auf alle Erscheinungsformen einstellen, die der Lebensstrom auch bringen mag.

Das Urmandala war ohne Zweifel ein Kreis, der auf dem Boden gezogen war. Der Eingeweihte, der von jenem Kreis aus vorschritt, bewegte sich durch eine magische Welt, in der er nichts weiter als die Stimme der Erde war, die ihr Lied zu den Sternen singt. Das Rad der Zeit kehrt zurück. Der magische Kreis ist wieder einmal gezogen.

Anmerkungen

Das Mandala der Kurve des sich entwickelnden Bewußtseins ist im wesentlichen abgeleitet von Lama Anagarika Govinda, *Die psychologische Haltung der frühbuddhistischen Philosophie* (Wiesbaden: Löwit, 1971), Seite 115. Während Govindas Diagramm und Erklärung sich besonders auf den Meditationsvorgang beziehen, hat unseres mit dem allgemeinen historisch-entwicklungsgeschichtlichen Wesen des Bewußtseins zu tun, wie es sich im Individuum und kollektiv entwickelt hat.

Unsere Schau hat auch Berührungspunkte mit und ist beeinflußt worden von William Blake in seinen prophetischen Büchern, wie "Jerusalem", *Complete Writings* (London: Oxford University Press, 1966), S. 620, 747; oder Schwarzer Hirsch in dem schon erwähnten Buch *Ich rufe mein Volk.* Die eher psychologischen Nuancen sind beschrieben worden von C.G. Jung in *Psyche and Symbol* (New York: Doubleday Anchor, 1958) und *Der Mensch und seine Symbole* (Olten u. Freiburg i.Br.: Walter 1968).

Weitere Bezugspunkte in gleicher Richtung sind Dane Rudhyar, *The Planetarization of Consciousness* (New York: Harper & Row, 1972) und *Directives for New Life* (Railroad Flat: Seed Books, 1971); Lecomte Du Nouy, *Die Bestimmung des Menschen* (Stuttgart: Union Dt. Verlagsges., 1948); Jolande Jacobi, *Die Psychologie von C.G. Jung* (Zürich u. Stuttgart: Rascher, 1967); Tschögyam Trungpa, *Aktive Meditation* (Olten u. Freiburg i.Br.: Walter, 1972); Herbert V. Guenther, *Yuganaddha; the Tantric View of Life* (Berkeley: Shambala, 1972); Ajit Mookerje, *Tantra Asana; ein Weg zur Selbstverwirklichung* (Basel: Basilius-Presse, 1971, später bei Schroll, Wien); Pierre Teilhard de Chardin, *Der Mensch im Kosmos* (München: Beck, 1959 ff.); und Sri Aurobindo, *Stufen der Vollendung* (Weilheim/Obb.: O.W. Barth, 1964).

"Der vierarmige Sonnengott" ist aus *Die Psychologie von C.G. Jung* von Jolande Jacobi (Walter, Olten u. Freiburg i.Br., 1967). Das alchimistische Diagramm auf Seite 113 ist aus *A Christian Rosenkreutz Anthology,* zusammengestellt und herausgegeben von Paul M. Allen (Rudolf Steiner Publications, Blauvelt, New York, 1968).

Mir selbst in Schönheit zu begegnen
Mich dem Weg des Lichtes zu ergeben
Die Wahrhaftigkeit des Kämpfers zu erkennen:
 Leben bedeutet Leiden
In jedem Leiden liegt das Zentrum begründet
 Die Sehnsucht verlangt nach dem Tod

Ich trau're und klage um den Verlust der Einheit
Die Vision der Ganzheit
Liegt versteckt hinter der dunklen Begierde ergreifender Augen

O jenes Leiden könnte gesehen werden als das, was es ist:
 Ein Zustand der Zusammenziehung
 Und des Zurückziehens vom Pfade des Lichts

Aber nur mit dem Hindurchgehen durch die brennende
 Flamme der Weisheit
Erstarken die Seelen der Kämpfer
Dann können sie sich wieder erfreuen

Zum geräuschlosen Ton des Universums tanzend
Ein Herz zu allen Gesichten hinwenden
Ein Gesicht in allen Herzen zu sehen
Eine Flamme mit der heilenden Kraft der Liebe

Ihr Gesang ist Segnung
Der Morgenstern bricht in ihr Lied ein
Alle Geschöpfe entstehen im scheinenden Glanze
Und selbst die Gräser flüstern

Das Licht ist ewig
Es ist das Auge und der Urquell der Schöpfung

Literaturverzeichnis

I. Mandala in der tibetischen Tradition

Sadhanamala Bhattacharya, *A Buddhist Tantric Text of Rituals* (Baroda: Gaekwad, 1928).

John Blofeld, *Der Weg zur Macht; praktischer Führer zur tantrischen Mystik Tibets* (Weilheim/Obb.: O.W. Barth, 1970).

Edna Bryner, *Thirteen Tibetan Tankas* (Indian Hills: Falcon's Wing Press, 1957).

John Brzostoski, *Tibetan Art* (New York: The Riverside Museum, 1963).

Carin Burrows, *Tibetan-Lamaist Art* (New York: Henri Kamer Gallerie, Inc., 1970).

Schuyler Cammann, "The Suggested Origin of the Tibetan Mandala Paintings", *The Art Quarterly*, Spring, 1950.

L. Chandra u. R. Vira, *A New Tibeto-Mongol Pantheon*, 17 Bände (Neu Delhi: International Academy of Indian Culture, 1959).

Garma C. Chang, *Teachings of Tibetan Yoga* (New Hyde Park: University Books, 1963).

W.E. Clark, *Two Lamaistic Pantheons* (New York: Paragon, 1937).

Jean Eracle, *L'art des thanka et le bouddhisme tantrique* (Genf: Musée d'ethnographie, 1970).

W.Y. Evans-Wentz, *Das Tibetanische Totenbuch* (Olten u. Freiburg i.Br.: Walter 1972).

———, *Der Geheime Pfad der Großen Befreiung* (Weilheim/Obb.: O.W. Barth, 1972).

———, *Milarepa, Tibets großer Yogi* (Weilheim/Obb.: O.W. Barth, 1971).

———, *Yoga und Geheimlehren Tibets* (Weilheim/Obb.: O.W. Barth, 1951).

A. Foucher, *Catalogue des peintures nepalaises et tibetaines de la collection B.H. Hodgson à la Bibliotheque de l'Institute Française* (Paris, 1897).

Garuda: Tibetan Buddhism in America (Barnet, 1971).

Annete K. Gordon, *The Iconography of Tibetan Buddhism* New York: Paragon Books, 1966).

———, *Tibetan Religious Art* (New York: Paragon Books, 1963).

Lama Anagarika Govinda, *Grundlagen tibetischer Mystik* (Zürich u. Stuttgart: Rascher 1966, später bei O.W. Barth).

———, *Mandala; der heilige Kreis* (Zürich: Origo, Neuauflage 1972).

———, *Der Weg der Weißen Wolken* (Zürich u. Stuttgart: Rascher 1969, später bei O.W. Barth).

Albert Gruenwedel, *Mythologie des Buddhismus in Tibet und der Mongolei* (Osnabrück: Zeller, 1970).

Herbert V. Guenther, *The Life and Teaching of Naropa* (New York: Oxford University Press, 1963).

———, *Treasures on the Tibetan Middle Way* (Berkeley: Shambala Publications, 1969).

———, *The Tantric View of Life* (Berkeley: Shambala Publications, 1972).

Bhikku Khantipalo, *The Wheel of Birth and Death* (Kandy: The Buddhist Publication Society, 1970).

Raymonde Linoissier, *Les peintures tibetaines de la collection Loo* (Paris, 1932).

Ariane MacDonald, *Le Mandala de Manjusrimulakalpa* (Paris: Adrien-Maisonneuve, 1962).

Marie Therese Mallmann, "Etude iconographique sur Manjucri", *Publications de l'école Française d'Extreme-orient*, Band LV, (Paris, 1964).

———, "Introduction à l'étude d'Avalokitesvara", *Annales du Musée Guimet*, Band LVII (Paris, 1948).

Odette Monod-Bruehl, *Peintures tibetaines* (Paris: Albert Guillot, 1954).

C.A. Muses, *Esoteric Teachings of the Tibetan Tantra* (Indian Hills: Falcon's Wing Press, 1961).

Newark Museum Association, *Catalogue of the Tibetan Collection and other Lamaist Articles in the Newark Museum*, 5 Bände (Newark, 1950).

Pratyapaditya Pal, *The Art of Tibet* (New York: New York Graphic Society, 1969).

———, "The Iconography of Amogapasha Lokesvara", *Oriental Art*, Band XII, No. 4, 1966 und Band XIII, No. 1, 1967.

———, *Lamaist Art; the Aesthetics of Harmony* (Boston: Museum of Fine Arts, 1969).

G. Roerich, *Tibetan Paintings* (Paris: Guethner, 1925).

Rahula Sankrityayana, "Buddhist Paintings in Tibet", *Asia Magazine*, Band XXXVII, No. 10, Oktober 1937, S. 711-715.

———, "Technic in Tibetan Painting", *Asia Magazine*, Band XXXVII, No. 11, November 1937, S. 776-780.

———, "Tibetan Art", *Marg*, Band XVI, No. 4, 1963.

F. Sierksma, *Tibet's Terrifying Deities* (Rutland: Charles Tuttle, 1966).

Madanjeet Singh, *Himalayan Art* (New York, Macmillan, 1965).

D.L. Snellgrove, *The Hevajra Tantra* (London: Oxford University Press, 1959).

Tarthang Tulku, *Kalachakra* (Berkeley: Dharma Press, 1971).

Tschögyam Trungpa, *Aktive Meditation* (Olten u. Freiburg i.Br.: Walter, 1972).

———, *Ich komme aus Tibet* (Olten u. Freiburg i.Br.: Walter, 1970).

Giuseppe Tucci, *Land of the Snows* (London: Elek Books, 1967).

———, *Geheimnis des Mandala; Theorie und Praxis* (Weilheim/Obb.: O.W. Barth, 1972).
———, *Tibetan Painted Scrolls* (Rom: Instituto Poligrafica Dello Stato, 1947).
S.C. Vidyabhusane, "On Certain Tibetan Painted Scrolls and Images", *Memoirs of the Asiatic Society of Bengal,* Band 1, No. 1 (Calcutta, 1905).
R. de Wojkowitz-Nebesky, *Oracles and Demons of Tibet* (The Hague: Mouton, 1956).

II. Mandala in der indisch-tantrischen Tradition

Art tantrique, commentaries by H. Michaux, O. Paz and S. Melikian (Paris: Le Point Cardinal, 1970).
Sri Aurobindo, *Stufen der Vollendung* (Weilheim/Obb.: O.W. Barth, 1964).
———, *Das Göttliche Leben* (Bellnhausen üb. Gladenbach: Hinder & Deelmann, 1974 ff.).
———, *The Mind of Light* (New York: Dutton, 1971).
———, *Die Synthese des Yoga* (Bellnhausen üb. Gladenbach: Hinder & Deelmann, 1972).
Arthur Avalon (Sir John Woodroffe), *Die Girlande der Buchstaben* (Weilheim/Obb.: O.W. Barth, 1968).
———, *The Great Liberation (Mahanirvana Tantra)* (Madras: Ganesh, 1963).
———, *Hymn to Kali* (Madras: Ganesh, 1964).
———, *Hymns to the Goddess* (Madras: Ganesh, 1964).
———, *Introduction to Tantra Shastra* (Madras: Ganesh, 1914).
———, *Kularnava Tantra* (Madras: Ganesh, 1965).
———, *The Principles of Tantra* (Madras: Ganesh, 1914)
———, *Shakti und Shakta* (Weilheim/Obb.: O.W. Barth, 1962).
———, *The World as Power* (Madras: Ganesh, 1966).
Chakra; a Journal of Tantra and Yoga, Band 1 ff. (Neu Delhi: Kumar Gallery, 1971 ff.).
Ananda K. Coomaraswamy, *Dance of Shiva* (New York: Noonday Press, 1957).
———, *Transformation of Nature in Art* (New York: Dover, 1956).
Mircea Eliade, *Yoga; Unsterblichkeit und Freiheit* (Zürich: Rascher, 1960).
Equals One, "Society", (Pondicherry, 1968).
Ramana Maharshi, *Leben und Werk* (Büdingen-Gettenbach: Schwab, 1960).
Ajit Mookerjee, *Tantra Kunst, ihre Philosophie und Naturwissenschaft* (Basel: Basilius-Presse, 1967/68, später bei Schroll).
———, *Tantra Asana; ein Weg zur Selbstverwirklichung* (Basel: Basilius-Presse, 1971, später bei Schroll).
P.H. Pott, *Yoga and Yantra* (The Hague: Martinus Nijhoff, 1966).
Rama Prasad, *Nature's Finer Forces* (Madras: Theosophical Publishing House, 1933).
Philip Rawson, *Erotic Art of the East* (New York: Putnam, 1968).
Bhagavadgita: Gesang des Erhabenen, aus dem Orig. ins Engl. übertragen von Swami Prabhavananda u. Christopher Isherwood (Zürich und Stuttgart: Rascher, 1954).
Upanishaden, Die schönsten - -; der Hauch des Ewigen (Zürich u. Stuttgart: Rascher, 1962).
Vivekananda, *Inana Yoga,* 2 Bände (Zürich u. Stuttgart: Rascher, 1949).
———, *Karma- und Bhakti-Yoga* (Zürich u. Stuttgart: Rascher, 1968).
———, *Raja-Yoga* (Zürich u. Stuttgart: Rascher, 1963).
Heinrich Zimmer, *Indische Mythen und Symbole* (Düsseldorf, Köln: Diederichs, 1972).

III. Mandala in anderen östlichen Traditionen

Benoytosh Bhattacharya, *The Indian Buddhist Iconography* (Calcutta: K.L. Mukhopadhyay, 1968).
Titus Burckhardt, *Vom Sufitum* (München-Planegg: O.W. Barth, 1953).
———, *Vom Wesen heiliger Kunst in den Weltreligionen* (Zürich: Origo, 1955).
Chang Chung Yuan, *Creativity and Taoism; A Study of Chinese Philosophy, Art and Poetry* (New York: Harper Torchbooks, 1966).
Ananda K. Coomaraswamy, *The Elements of Buddhist Iconography* (Cambridge: Harvard University Press, 1935).
Abu Bakr Siraj Ed-Din, *The Book of Certainty* (New York: Samuel Weiser, 1970).
Fung Yu Lan, *A History of Chinese Philosophy* (Princeton: Princeton University Press, 1953).
Lama Anagarika Govinda, *Die psychologische Haltung der frühbuddhistischen Philosophie* (Wiesbaden: Löwit, 1971).
A.K. Griswold, *The Art of Burma, Korea, Tibet* (New York: Graystone Press, 1968).
A. Gruenwedel, *Buddhist Art in India* (Delhi: S. Gupta, 1965)
C. Humphreys, *Concentration and Meditation* (Baltimore: Penguin, 1959).
I Ging, das Buch der Wandlungen, aus d. Chines. übertragen u. erläutert von Richard Wilhelm (Düsseldorf, Köln: Diederichs, 1950 ff.)
C.G. Jung, *Die Gesammelten Werke in 14 Bänden* (Zürich u. Stuttgart: Rascher, 1958 ff., seit 1972 bei Walter).
Hazrat Inayat Khan, *The Sufi Message and the Sufi Movement* (London: Barrie and Rockliff, 1964).
Lao Tse, *Tao Te King,* aus d. Chin. übertragen von Richard Wilhelm (Düsseldorf, Köln: Diederichs, 1950 ff.).
Lu K'uan Yu, *Taoist Yoga; Alchemy and Immortality* (New York: Samuel Weiser, 1970; engl. Ausgabe bei Rider erschienen).
Mai-Mai Sze, *The Way of Chinese Painting* (New York: Vintage Books, 1959).

Charles Ponce, *The Nature of the I Ging* (New York: Award Books, 1970).
Dane Rudhyar, *Astrology of Personality* (New York; Doubleday, 1970).
Sangharashita, *Die drei Kleinode; eine Einführung in den Buddhismus* (München: Delp, 1971).
E.D. Saunders, *Mudra; a Study of Symbolic Gestures in Japanese Sculpture* (New York: Pantheon, 1960).
Sawa, *Art of Esoteric Buddhism* (New York-Tokio: John Weatherhill, 1972).
Idries Shah , *The Sufis* (New York: Doubleday).
——— , *The Way of the Sufi* (New York: E.P. Dutton, 1970).
Z.D. Sung, *The Symbols of Yi King* (New York: Paragon Books, 1969).
R. Takima, *Les Deux grands mandala et la doctrine de l'esoterisme Shingou* (Tokio-Paris: La Maison Franco-Japonaise, 1959).
Richard Wilhelm, C.G. Jung, *Das Geheimnis der Goldenen Blüte* (Olten u. Freiburg i.Br.: Walter, 1971).

IV. Mandala in den Traditionen der Indianer der Neuen Welt

L.H. Appleton, *American Indian Design and Decoration* (New York: Dover, 1971).
H. Beyer, *Mito y simbolism del Mexico antiquo* (Mexico: Sociedad alemana mexicanista, 1965).
Edmond S. Bourdeaux, *The Soul of Ancient Mexico* (San Diego: Academy of Creative Living, 1968).
Joseph E. Brown, herausgegeben von, *Die Heilige Pfeife; die sieben geheimen Riten der Sioux-Indianer* (Olten u. Freiburg i.Br.: Walter, 1956).
Alfonso Caso, *Aztecs; People of the Sun* (Norman: University of Oklahoma Press, 1967).
Miguel Covarrubias, *Indian Art of Mexicò and Central America* (New York: Alfred Knopf, 1957).
Jorge Enciso, *Design Motifs of Ancient Mexico* (New York: Dover, 1953).
Weston LaBarre, *The Peyote Cult* (New York: Schocken Books, 1969).
Reginald and Gladys Laubin, *The Indian Tipi* (New York: Ballantine, 1971).
Miguel Leon-Portilla, *Aztec Thought and Culture* (Norman: University of Oklahoma Press, 1963).
John Neihardt, *Schwarzer Hirsch: Ich rufe mein Volk* (München: Deutscher Taschenbuch-Verlag, 1962).
H.E.D. Pollock, *Round Structures of Aboriginal Middle America* (Washington: Carnegie Institution, 1936).
Popol vuh; Schöpfungsmythos und Wanderung der Quiché-Maya (Düsseldorf,Köln: Diederichs, 1962).
Gladys A. Reichard, *Navaho Religion; a Study in Symbolism* (New York: Bollingen, 1963).
Carl Ruppert, *The Caracol at Chicen-Itza* (Washington: Carnegie Institution, 1935).
Laurette Sejourné, *Burning Water; Thought and Religion in Ancient Mexico* (New York: Grove Press, 1960).
Tony Shearer, *Lord of the Dawn* (Healdsburg: Naturegraph Publishers, 1971).
——— , *The Sacred Calendar* (Denver: Western News, 1967).
D.S. Sides, *Decorative Art of the Southwestern Indians* (New York: Dover, 1961).
Jacques Soustelles, *La pensée cosmologique des anciens mexicains* (Paris: Hermann & Cie., 1940).
Clara Lee Tanner, *Southwest Indian Sandpainting* (Tucson: University of Arizona Press, 1957).
David Villaseñor, *Mandalas im Sand; vom Wesen indianischer Sandmalerei* (Obernhain/Ts.: Iris-Verlag, 1974).
Frank Waters, *Book of the Hopi* (New York: Viking Press, 1963).
——— , *Masked Gods* (New York: Ballantine Books, 1970).
Mary C. Wheelwright, *Beautyway; a Navaho Ceremonial* (New York: Pantheon Books, 1957).
W. Willoya u. V. Brown, *Im Zeichen des Regenbogens; Träume und Visionen des indianischen Volkes* (Obernhain/Ts.: Iris Verlag, 1974/75).
Leland C. Wyman, *Navajo Indian Sandpainting; Symbolism, Artistry and Psychology* (Boston: Museum of Fine Arts, 1959).
Leland C. Wyman, *The Sacred Mountains of the Navajo in Four Paintings by Harrison Begay* (Flagstaff: Museum of Northern Arizona, 1967).
——— , *Sandpaintings of the Kayenta Navajo* (Albuquerque: University of New Mexico Publications in Anthropology, No. 7, 1952).

V. Mandala in der heiligen Kunst des Westens

Marcel Aubert, *The Art of the High Gothic Era* (New York: Greystone Press, 1966).
——— , *French Cathedral Windows of the Twelfth and Thirteenth Centuries* (New York: Oxford UniversityPress, 1947).
Ellen Judith Beer, *Die Rose der Kathedrale von Lausanne und der kosmologische Bilderkreis des Mittelalters* (Bern: Benteli, 1952).
Ananda K. Coomaraswamy, *Christian and Oriential Philosophy of Art* (New York: Dover Books, 1956).
Fulcanelli, *Le mystère des cathedrales et l'interpretation esoterique des symboles hermetiques du grand oeuvre* (Paris: Eugène Canseliet, 1964; engl. Ausg. bei Neville & Spearman).
René Gilles, *Le symbolisme dans l'art religieux* (Paris: La Colombe, 1961).
Jean Gimpel, *The Cathedral Builders* (New York: Grove Press, 1961).

Louis Grodecki, *The Stained Glass of French Churches* (London: L. Drummond, 1948).
George Lesser, *Gothic Cathedrals and Sacred Geometry* 3 Bände (London: A. Tiranti, 1957-64).
Emile Mâle, *The Gothic Image; Religious Art in France in the Thirteenth Century* (New York: Harper, 1958).
Erwin Panofsky, "Abbot Suger of St. Denis", *Meaning in the Visual Arts* (New York: Doubleday, 1957).
———, *Gothic Architecture and Scholasticism* (New York: Meridian Books, 1958).
Gerardus van der Leeuw, *Sacred and Profane Beauty; the Holy in Art* (New York: Holt Rinehart, Winston, 1963).
Otto von Simson, *Die gotische Kathedrale; Beitrag zu ihrer Entstehung und Bedeutung* (Darmstadt: Wissenschaftliche Buchgesellschaft, 1968).
Elisabeth von Witzleben, *Licht und Farbe aus Frankreichs Kathedralen* (Augsburg: Hannesschläger, 1967).

VI. Mandala in Verbindung mit esoterischer und moderner Wissenschaft

Paul M. Allen, *A Christian Rosenkreutz Anthology* (Blauvelt: Rudolf Steiner Publications, 1968).
José Argüelles, *Charles Henry and the Formation of a Psychophysical Aesthetic* (Chicago: University of Chicago Press, 1972).
Edwin Babbit, *Principles of Light and Color* (New Hyde Park: University Books, 1967).
Faber Birren, *Color Psychology and Color Therapy* (New Hyde Park: University Books, 1961).
———, *Color; a Survey in Words and Pictures* (New Hyde Park: University Books, 1963).
Titus Burckhardt, *Alchemie, Sinn und Weltbild* (Olten u. Freiburg i.Br.: Walter, 1960).
Robert S. DeRopp, *The Master Game* (New York: Dell Publishing Co., 1968).
Micea Eliade: *Schmiede und Alchimisten* (Stuttgart: Klett, 1960).
R.L. Gregory, *Eye and Brain; the Psychology of Seeing* (New York: McGraw-Hill, 1966).
Manley P. Hall, *The Secret Teachings of all Ages* (Los Angeles: The Philosophical Research Society, Inc., 1969).
Preston Harold a. Winifred Babcock, *The Single Reality* (New York: Dodd Mead & Co., 1971).
C.G. Jung, *Die Gesammelten Werke in 14 Bänden* (Zürich u. Stuttgart: Rascher, 1958 ff., seit 1972 bei Walter).
———, *Der Mensch und seine Symbole* (Olten u. Freiburg i.Br.: Walter, 1968).
———, *Psyche and Symbol* (New York: Doubleday Anchor, 1958).
C.W. Leadbeater, *Die Chakras* (Freiburg i.Br.: H. Bauer, 1965).
———, *Gedankenformen* (Freiburg i.Br.: H. Bauer, 1965).
Timothy Leary, *High Priest* (New York: New American Library, 1968).
Michael Maier, *Atalanta Fugiens* (Lat.-deutsche Ausgabe) Kassel u. Basel: Bärenreiter, 1964; englische Ausgabe, übersetzt und herausgegeben von H.M.E. De Jong (Leiden: E.J. Brill, 1969).
Ralph Metzner, *Maps of Conciousness* (New York: MacMillan, 1971).
Ralph Metzner a. Timothy Leary, "On Programming Psychedelic Experiences", *Psychedelic Review,* No. 9, 1967, S. 4-19
Guy Murchie, *Music of the Spheres,* 2 Bände (New York: Dover, 1967).
Pierre Lecomte Du Nouy, *Die Bestimmung des Menschen* (Stuttgart: Union Deutsche Verlagsgesellschaft, 1948).
S.G.J. Ousley, *Colour Meditations* (London: L.N. Fowler Co., Ltd., 1949).
P.D. Ouspensky, *Auf der Suche nach dem Wunderbaren* (Weilheim/Obb.: O.W. Barth, 1966).
———, *Tertium Organum; der dritte Kanon des Denkens, ein Schlüssel zu den Rätseln der Welt* (Weilheim/Obb.: O.W. Barth, 1973)
Oliver Reiser, *Cosmic Humanism* (Cambridge: Schenkmann Publishing Co., 1966).
Dane Rudhyar, *Astrology of Personality* (New York: Doubleday, 1970).
———, *Directives for New Life* (Railroad Flat: Seed Books, 1971).
———, *Humanistic Astrology,* 6 Bände (Lakemont: C.S.A. Press, 1969).
———, *The Planetarization of Consciousness* (New York: Harper & Row, 1972).
Secret Symbols of the Rosicrucians (Los Angeles: Philosophical Research Society, 1967).
Charles T. Tart, *Altered States of Consciousness* (New York: John Wiley and Sons, 1969).
Pierre Teilhard De Chardin, *Der Mensch im Kosmos* (München: Beck, 1959).
Alan Watts, *Kosmologie der Freude* (Darmstadt: Melzer, 1972).

VII. Verschiedene Texte in Beziehung zu dem Mandala als Kunst- und Naturform

Steve Baer, *Dome Cookbook* (Corrales, 1969).
William Blake, *Complete Writings* (London: Oxford University Press, 1966).
———, *Werke* (Auswahl) (Berlin: Aufbau-Verlag, 1958).
Domebook One and Domebook Two (Los Gatos: Pacific Domes/Random House, 1970).
Mircea Eliade, *The Two and the One* (New York: Harper Torchbooks, 1969).

———— , *Das Geheimnis der Wiedergeburt; Initiationsriten, ihre kulturelle und religiöse Bedeutung* (Zürich: Rascher, 1961).

A.P. Elkin, *The Australian Aborigine* (New York: Doubleday, 1964).

Douglas Fraser, *Village Planning in the Primitive World* (New York: Braziller, 1968).

R. Buckminster Fuller, *World Design Decade Documents 1965-1975* (Carbondale: World Resources Inventory Office, 1965).

Gerald Hawkins, *Stonehenge Decoded* (New York: Doubleday, 1965).

Hans Jenny, *Kymatik; Wellen und Schwingungen mit ihrer Struktur und Dynamik* (München: Moos, 1968).

Wassili Kandinsky, *Über das Geistige in der Kunst* (Bern: Benteli, 1965).

Gyorgy Kepes, herausgegeben von, *Structure in Art and Science* (New York: Braziller, 1965).

Lama Foundation, *Be Here Now* (New York: Crown Press, 1971).

Ernest Lehner, *Symbols, Signs and Signets* (New York: Dover, 1969).

M.E.L. Masters und Jean Houston, *Psychedelische Kunst* (München, Zürich: Droemer'sche Verlagsanstalt Knaur, 1969).

W.M. Matthews, *Mazes and Labyrinths; their History and Development* (New York: Dover, 1970).

Leinani Melville, *Children of the Rainbow; the Religion, Legends, and Gods of Pre-Christian Hawaii* (Wheaton: The Theosophical Publishing Co., 1969).

Charles Mountford, *Art, Myth and Symbolism of Arnhem Land* (Melbourne: Melbourne University Press, 1956).

Bruno Munari, *The Circle* (New York: George Wittenborn, 1968).

Frank Popper, *Origins and Development of Kinetic Art* London: Studio Vista, 1968).

Ad Reinhardt, "A Portend of the Artist as a Yhung Mandala", *Art News,* 1956.

M.C. Richards, *Centering* (Middleton: Weslyan University Press, 1964).

Theodor Schwenk, *Sensibles Chaos; strömendes Formenschaffen in Wasser und Luft* (Stuttgart: Verlag Freies Geistesleben, 1962).

Richard Shannon, *The Book of Peace* (New York: Doubleday, 1971).

T.C. Stewart, *The City as an Image of Man* (London: Latimer Press, 1970).

D.W. Thompson, *On Growth and Form* (New York: Cambridge University Press, 1961).

L.L. White, *Aspects of Form* (Bloomington: Indiana University Press, 1951).

Gene Youngblood, *Expanded Cinema* (New York: E.P. Dutton Co., 1971).

Das Mandala ist unendlich; in jeder Untersuchung über dieses Thema wird es nicht möglich sein, alle Punkte zu berühren, geschweige denn gründlich zu erforschen. Von Herzen begrüßen wir Stellungnahmen, Vorschläge und Einsichten des Lesers als einen wachsenden Teil jenes Mandala, das die Arbeit der gesamten Menschheit bildet.

José und Miriam Argüelles

JOSÉ ARGÜELLES wurde 1939 in Rochester, Minnesota geboren und verlebte seine frühe Kindheit in Mexiko. 1969 erhielt er den Grad eines Dr. phil in Kunstgeschichte von der University of Chicago. Er hat an der Princeton University und an der University of California gelehrt und ist gegenwärtig Koordinator des "Man and Arts Program" am neugegründeten experimentellen Evergreen State College in Olympia, Washington. Er ist Verfasser des Buches *Charles Henry and the Formation of a Psychophysical Aesthetic,* 1972, sowie zahlreicher Artikel über Kunst und Kultur und von Gedichten. Er malt und erforscht seit den letzten sieben Jahren in Zusammenarbeit mit seiner Frau die Möglichkeiten des Mandala.

MIRIAM ARGÜELLES wurde 1943 in Chicago geboren. 1966 erhielt sie den Grad eines Master of Arts in Kunstgeschichte von der University of Chicago. Sie hat reiche Erfahrungen mit Film und anderen Kommunikationsmedien gemacht und als Illustratorin u.a. mit dem Dichter Stephen Levine zusammengearbeitet. In zahlreichen Ausstellungen ist sie als Malerin, die sie ursprünglich ist, vertreten. Gemeinsam mit ihrem Mann veranstaltet sie verschiedene Workshops (Team-Arbeitskurse).

Register

fettgedruckte Verweisungen beziehen sich auf Illustrationen